Hannelore Grimm

Glückliche Wohnungskatzen

Kosmos

Glückliche Wohnungskatzen vermitteln Ruhe und Entspannung.

Besonders für drinnen lebende Katzen ist Gras wichtig.

Inhalt

Katzen und Menschen

Eine innige Beziehung

„Eine Katze gibt dem Haus die Seele." Diese wunderbare Erklärung für das, was die Katze dem Menschen schenkt, schrieb der französische Schriftsteller Clébert in einem Buch über die Provence.

Katzen verstehen es, eine gemütliche Atmosphäre um sich herum zu verbreiten. Allein durch ihre Gegenwart, ihre ruhige Ausstrahlung können sie einen positiven Einfluß auf ihre Besitzer haben.
Für viele Menschen sind zwischenmenschliche Kontakte unter den heutigen Lebensbedingungen zum Problem geworden. Sie vereinsamen mehr und mehr, und ein Heimtier kann deshalb ein Weg aus der Einsamkeit sein. Allerdings sollte es auch wirklich gewünscht sein und nicht aus dem Egoismus heraus angeschafft werden, nicht mehr allein sein zu wollen.

WARUM EINE KATZE?

Eine Katze ist besonders für Berufstätige ein idealer Partner. Katzen geben viel, verlangen wenig und sind problemlos in der Wohnung zu

Katzen lieben besonders Katzengesellschaft.

Die beiden sind gute Freunde.

„Ob man mit Regentropfen auch spielen kann?“

Katzen fühlen sich überall wohl.

halten. Sie können sich, besonders zu zweit, den ganzen Tag über gut mit sich selbst beschäftigen.
Wer sich entschlossen hat, eine Katze bei sich aufzunehmen, darf weder autoritär noch egoistisch eingestellt sein: Katzen sind vom Augenblick ihrer Geburt an ausgesprochene Individualisten, aber gerade das macht sie so anziehend.
Jeder Mensch, der sich eine Katze hält, sollte sich darüber im klaren sein, daß er damit auch Verpflichtungen übernimmt. Eine Katze beansprucht die volle Aufmerksamkeit ihres Besitzers, sie ordnet sich niemals unter und hat ihren eigenen Willen.
Wer glaubt, dies alles ertragen zu können, wer sich mit den Lebensgewohnheiten einer Katze anfreunden kann, ihre Eigenarten toleriert, eine katzengerechte Wohnung und im Urlaub die Möglichkeit einer streßfreien Unterbringung hat, sollte sich für eine Katze entscheiden. Wer sich einen Hund wünscht und sich eine Katze anschafft, weil er oft nicht zu Hause ist, weil die Katze bequemer und „pflegeleichter“ in der Wohnung zu halten ist, handelt unverantwortlich. Eigenschaften, die man von einem Hund erwartet, wird die Katze nicht haben, dafür aber andere, die der verhinderte Hundebesitzer nicht verstehen wird.

KATZEN UND ÄLTERE MENSCHEN

Die Katze kommt auf leisen Sohlen, läßt sich gerne streicheln und gilt als sehr sauber. Gerade für ältere Leute ist sie eine zärtliche Herausforderung. Katzen passen sich ihren menschlichen Hausgenossen wie kein anderes Heimtier an.
Das heißt, beim Übergang in den Ruhestand ist weiterhin eine sinnvolle Beschäftigung da. Jemand, für den man Verantwortung übernimmt, der Abwechslung und Freude ins Haus bringt und bei Kummer Trost spendet. Katzen können über den Verlust eines geliebten Menschen hinweghelfen, können den Partner zwar nicht ersetzen, aber sie bieten Trost und Halt in Stunden des Schmerzes und Alleinseins.

Außerdem geben Katzen wichtige Impulse, den Alltag wie gewohnt zu bewältigen. Einkaufen, Füttern, Saubermachen und die ständige Auseinandersetzung mit dem Hausgenossen sind einfach notwendig. Der ältere Mensch kann sich nicht gehen lassen. Die Katze verlangt regelmäßige und pünktliche Versorgung. Und weil er sein Tier gesund ernähren will, beschäftigt sich der Mensch auch für sich selbst mit der Frage der richtigen Ernährung. Für einen alten Menschen ist eine Katze häufig ein Komplize gegen die Einsamkeit. Gerade ältere Menschen strahlen jene Ruhe aus, die Katzen besonders mögen, sie sind sehr pflichtbewußt und wissen, was die Katze braucht. Mit unfehlbarem Instinkt spürt eine Katze auch, wenn es ihrem Besitzer einmal nicht gutgeht. Dann streicht sie um die Beine und kuschelt sich ganz dicht an ihn, redet mit ihm und bringt ihn durch ein drolliges Spiel wieder zum Lachen.

Ein Plätzchen zum Schlafen findet sie überall.

Dazu kommen direkte Auswirkungen auf die Gesundheit. Ärzte schätzen den Umgang ihrer älteren Patienten mit Katzen wegen der beruhigenden Funktion, den sie auf den Blutdruck und damit auf das Gesamtbefinden ihrer Besitzer ausüben. Zudem wird durch das Kraulen der Katze Streß abgebaut.

Glücklicherweise erkennen das auch immer mehr die Betreiber von Seniorenwohnheimen, und es ist heute schon in einigen gestattet, sein Heimtier mitzubringen. Gerade einer Katze, die immer in der Wohnung gehalten wurde, fällt der Umzug nicht schwer, und sie ist der ideale Beglei-

Ruhe und Zufriedenheit strahlen Katzen aus.

ter für die letzten Lebensjahre.
Man sollte aber auch rechtzeitig an das „Danach" denken und überlegen, was mit der Katze geschieht, wer weiter für sie sorgt, denn auch sie hat ein Recht auf einen würdevollen Lebensabend.

KINDER UND KATZEN

„Ich wünsche mir zum Geburtstag oder zu Weihnachten ein Kätzchen!" Viele Eltern hören diesen Satz von ihren Kindern und sind auch allzu gerne bereit, den Wunsch zu erfüllen. Das Kind hat ja schon so viele Plüschtiere, ein lebendiges Spielzeug wäre doch mal etwas anderes, und preiswert noch dazu. Vielleicht hat die Katze des Bauern, bei dem man immer die Eier holt, gerade Junge, und er wird froh sein, eines loszuwerden.
Grundsätzlich ist es wunderschön und hat durchaus positive Auswirkungen, wenn Kinder mit Tieren aufwachsen. Aber die Eltern sollten sich ihrer Verantwortung bewußt sein, daß eine Katze ein Lebewesen und kein Spielzeug ist, welches man nach Gebrauch einfach in die Ecke stellen oder umtauschen kann.
Wenn Ihr Kind sich eine

Eine Katze zum Schmusen und Liebhaben ...

Katze wünscht und bereit ist, die Pflege zu übernehmen, sollten Sie allerdings auch selbst den Wunsch nach einer Katze haben, denn von dem Kind die alleinige Betreuung des neuen Hausgenossen zu erwarten, wäre reine Illusion.
Das Kind sollte alt genug sein, ca. 6–8 Jahre, um die Verantwortung für die Pflege mit zu übernehmen. Die artgerechte Umgebung sollte gewährleistet und die Frage der Versorgung während des Urlaubs im Vorfeld geklärt sein.
Auf keinen Fall sollte eine Katze als lebendige Überraschung zu einem Festtag überreicht werden. Bei all dem Trubel hätte man nicht genügend Zeit und Ruhe für den neuen Hausgenossen. Die sensible Katzenseele könnte einen nicht wiedergutzumachenden Schaden erleiden und die Freude an der Katze wäre schnell dahin.
Ein Buch über Katzenhal-

tung, eine Kuschelhöhle oder ein Spielzeug für den neuen Mitbewohner wären geeignetere Geschenke, und nach den Feierlichkeiten kann man dann in Ruhe gemeinsam das neue Familienmitglied ins Haus holen.

KATZEN UND JUGENDLICHE

Im Alter von 6 bis ca. 12 Jahren hat das Kind schon einiges an Aufgaben zu erfüllen, die die Erwachsenenwelt an es stellt: sich einordnen, Autoritäten anerkennen, Leistungen erbringen, aber auch mit Frustrationen fertig werden. In dieser für viele Kinder schwierigen Zeit kann ein Tier trösten und für manche Probleme ein geduldiger Zuhörer sein.
Die Pubertät ist für Eltern und Kinder eine schwierige Lebensphase. In dieser Zeit, in der man nicht mehr Kind, aber auch noch nicht erwachsen ist, fühlen sich die meisten Jugendlichen von den Erwachsenen oft unverstanden. Ein Tier, besonders eine Katze, kann hier oft sehr hilfreich sein, denn Tiere sind die Schwächeren und Schutzsuchenden. Durch ihre Abhängigkeit geben sie den Jugendlichen das Gefühl, gebraucht zu werden, und das ist gerade im Teenageralter besonders wichtig.
Katzen hören immer zu, egal, ob es sich um eine verhauene Klassenarbeit oder Meinungsverschiedenheiten in der Familie handelt, sie trösten über vieles hinweg. Auch über so manchen Liebeskummer soll eine Katze schon hinweggeholfen haben.
Kinderpsychologen haben festgestellt, daß Kinder und Jugendliche, die mit einer Katze aufwachsen, wesentlich ausgeglichener, weniger aggressiv, beim Spielen mit Gleichaltrigen anpassungsfähiger und kreativer sind.

Gemeinsames Spiel

Auch Katzen und Babys vertragen sich.

TIP: Eine Katze ist kein Überraschungsgeschenk! Ihre Anschaffung will wohl überlegt sein. Katzen können aber auch das schönste aller Geschenke sein, wenn damit ein langgehegter Wunsch in Erfüllung geht und alle Vorbereitungen getroffen sind, denn sie bereiten uns über viele Jahre große Freude.

In der katzengerechten Wohnung fühlen sich die beiden rundum wohl.

Planung und Kauf

Wir wollen eine Katze für die Wohnung

Kein Auto kann unsere Katze überfahren, und niemand kann sie ärgern oder versehentlich einschließen.

WARUM WOHNUNGSHALTUNG?

Sehr viele Katzenfreunde haben sich mit der Frage auseinandergesetzt, ob man Katzen ausschließlich in der Wohnung oder mit freiem Auslauf halten sollte. Immer mehr kommen zu dem Entschluß, ihre Katze nicht mehr den Gefahren des freien Auslaufs auszusetzen. Es ist leider eine Tatsache, daß man heute seine Katze selbst in ländlichen Gegen-

Lebendig wäre ihr die zweite Katze noch lieber.

den nicht mehr ohne Unfallgefahr laufen lassen kann.
Aber nicht nur dem Straßenverkehr fallen jährlich unzählige Katzen zum Opfer, auch Gift, Pflanzenschutzmittel, Infektionskrankheiten und Parasiten leisten ihren Beitrag, daß die Lebenserwartung der Freilaufkatzen immer mehr abnimmt. Diebstahl für den „Eigenbedarf" kommt vor oder, was noch schlimmer ist, für den Verkauf an Institute oder Labors.
In einer Nachbargemeinde verschwanden einmal in einer Nacht über 20 Katzen, und die sind bestimmt nicht gemeinsam an einer geheimnisvollen, plötzlich aufgetretenen Seuche gestorben, zumal keine Katze gefunden wurde.

Auf dem Autodach droht der Katze keine Gefahr, wohl aber unten auf der Straße.

Auch mancher Jäger trägt dazu bei, daß die Katzenpopulation nicht zu groß wird. Laut dem Deutschen Bundes-Jagdgesetz sind sie berechtigt, freilaufende Katzen, die mehr als 300 Meter entfernt von einem Wohngebiet angetroffen werden, einzufangen oder gar zu erschießen. Die meisten Schußverletzungen an Katzen stammen allerdings nicht von Jägern, sondern von „katzenliebenden" Nachbarn.
Ein Großteil der heute bei uns lebenden Hauskatzen sind deshalb reine Wohnungskatzen.
Der Mensch muß also die Entscheidung über die Lebensbedingungen der Katze treffen. Er muß wählen, ob sie zum Stubentiger wird oder den vielen Gefahren des freien Auslaufs ausgesetzt werden soll. Diesbezüglich muß jeder nach seinen wohnlichen Gegebenheiten und familiären Gepflogenheiten selbst eine Entscheidung treffen, die aber unwiderruflich sein sollte. Eine an Freiheit gewöhnte Katze in die Wohnung zu verbannen, wird wohl schwerlich gelingen. Aber man kann sich bei der Anschaffung gezielt nach einer im Haus aufgewachsenen Katze umschauen oder ein junges, noch nicht geprägtes Katzenkind aufnehmen.
Wenn Katzen von Geburt an in der Wohnung gehalten werden, vermissen sie nichts - vorausgesetzt, ihre Bedürfnisse (Futter, Wasser, Toilette, Bewegung, Kontakt, Schmuseeinheiten) werden erfüllt, und sie fühlen sich wohl. Katzen sind ohne weiteres in der Lage, ausschließlich in der Wohnung zu leben, ohne daß sie Schaden an Leib und Seele nehmen.
Könnte allerdings Ihre Kat-

Katzen lieben es, warm und gemütlich zu liegen.

ze die Entscheidung über Freilauf oder nicht treffen, die Wahl würde wohl eindeutig gegen die Wohnung ausfallen!

Vorteile des Freilaufs

- Die Katze liebt ihn,
- eine stets saubere Katzentoilette.

Gefahren des Freilaufs

- Straßenverkehr,
- unbeabsichtigtes Einsperren in Schuppen usw.,
- Diebstahl, Tierfänger,
- Tierquäler,
- Gift,
- Krankheiten, Parasiten,
- Katzenkämpfe und Hundebisse,
- Abschuß durch Jäger,
- unerwünschter Nachwuchs.

DARF ICH EINE KATZE HALTEN?

Erhöhte Aussichtsplätze sind beliebt.

Habe ich das Recht, eine Katze in meiner Wohnung zu halten, oder nicht? Viel Streit gab es schon über die Tierhaltungsklausel in den Mietverträgen. Der Bundesgerichtshof hatte ein Herz für die Tierliebhaber und beschloß, daß ein generelles Verbot von Heimtieren in einer Mietwohnung unzulässig ist. Es heißt zwar, daß die Tierhaltung der Einwilligung des Vermieters bedarf; er darf sie allerdings nur dann versagen, wenn die Tierhaltung nachteilige Auswirkungen auf die anderen Mieter oder auf die Mietsache hat, z.B. Beschädigung der Wohnung. Allerdings sind sich die Gerichte einig: Sobald eine konkrete Belästigung für andere Leute droht, darf der Vermieter das Tier auf jeden Fall verbieten.

Werden Hunde oder Katzen in der Großstadtwohnung gehalten, sind sie mehr als nur Hausgenossen zum persönlichen Vergnügen der Bewohner, denn nach wissenschaftlichen Erkenntnissen werden mit der Tierhaltung auch pädagogische und medizinische Bedürfnisse erfüllt. Besonders älteren alleinstehenden Menschen bieten Heimtiere Schutz vor Vereinsamung in der anonymen Großstadtsiedlung – so beurteilt von einem deutschen Amtsgericht.

Auch wenn nach dem Miet-

Perser golden shaded

Kurzhaarige Hauskatzenschönheit

vertrag die Heimtierhaltung verboten ist und keine besondere Einwilligung zur Katzenhaltung erteilt wurde, kann der Vermieter, wenn er das Vorhandensein von Katzen länger als ein halbes Jahr geduldet hat, nicht einfach die Abschaffung verlangen. Voraussetzung ist, daß keine Dritten belästigt werden. Wenn andere Hausbewohner eine Katze haben, so muß auch die Katze eines neuen Mieters geduldet werden.

TIP: Erlaubt der Vermieter die Katzenhaltung, so ist es ratsam, auch die Zahl der Katzen festzulegen. Denn eine größere Zahl an Stubentigern muß er nicht dulden.

WELCHE KATZE SOLL ES SEIN?

Liebe auf den ersten Blick ist etwas Wunderbares. Spontane Zuneigung zwischen Mensch und Katze ist ein hervorragender Ausgangspunkt für die langjährige „Ehe", die nun zwischen den beiden angebahnt wird. Leider entwickeln sich Erwartungen und Ansprüche oft in entgegengesetzte Richtungen, und die „Scheidungsrate" ist manchmal recht hoch. Ersparen Sie einer Katze diese maßlose Enttäuschung! Überlegen Sie genau, ob Sie tatsächlich die nächsten 12–18 Jahre mit einem so eigenwilligen, hochsensiblen Geschöpf zusammenleben möchten! Überlegen Sie vor allen Dingen, ob Sie bereit sind, einen großen Teil Ihrer Freizeit auf die Katze abzustimmen.
Sie haben sich alles noch

einmal durch den Kopf gehen lassen und sind entschlossen, einer Katze eine Heimat zu bieten? Dann haben Sie sich bestimmt schon Gedanken gemacht, ob Sie einer Rassekatze oder einer Hauskatze Ihr Herz schenken möchten. Zwischen Hauskatze und Rassekatzen ist der wesentliche Unterschied zunächst einmal nicht die Schönheit (denn alle Katzen sind schön), sondern der höhere Preis.

HAUSKATZEN

Hauskatzen können an Schönheit, Gesundheit und Liebenswürdigkeit unübertrefflich sein, aber es ist bei einem Jungtier immer etwas Glückssache, was aus so einem verspielten, putzigen kleinen Tier später einmal wird. Bei einer erwachsenen Hauskatze kennt man schon den Charakter, und sofern sie noch nicht die Freiheiten des Auslaufs kennengelernt hat, ist es absolut möglich, sie auch weiterhin als Wohnungskatze zu betreuen.
Die Farbenpalette von Hauskatzen hat eine unendliche Breite, einfarbig, zwei- und dreifarbig, mit und ohne Tabbyzeichnung usw. Für was Sie sich entscheiden, bleibt allein Ihnen überlassen.

RASSEKATZEN

Vielleicht haben Sie sich dazu entschlossen, daß eine Rassekatze Ihr Leben mit Ihnen teilen soll, weil Sie gehört haben, daß diese sich leichter in der Wohnung halten läßt. Das ist bedingt richtig, man sieht fast keine herumstreunenden Rassekatzen. Das liegt aber daran, daß die Besitzer dieser edlen und oft teuren Tiere sich die Rasse gezielt ausgesucht haben und deshalb ein größeres Verantwortungsbewußtsein für ihre Katze hegen.
Zuerst geht es darum, sich für eine bestimmte Rasse zu entscheiden. Prinzipiell werden die Rassekatzen in vier Kategorien unterteilt: Perser und Exotic Shorthair, Halblanghaar, Kurzhaar, Siam und Orientalen. Um einen Überblick über die einzelnen Rassen und Farben zu bekommen, empfehle ich Ihnen, ein Buch über die verschiedenen Katzenrassen zu lesen, z.B. den Kosmos-Katzenführer.
Bei der Entscheidung für Ihr Kätzchen hilft Ihnen neben der zahlreichen Katzenliteratur sicher auch der Besuch einer Katzenausstellung. Hier haben Sie die beste Möglichkeit, die verschiedenen Rassen in natura zu begutachten und zu vergleichen sowie Gespräche mit Züchtern zu führen. Informieren Sie sich über das Wesen und Temperament der einzelnen Katzenrassen, das recht unterschiedlich ist. So sagt man, daß Perser und verwandte Rassen als erwachsene Katzen eher einen ruhigen Charakter aufweisen, während die orientalischen Rassen wie Siam und ihre Verwandten wohl die temperamentvollsten Vertreter ihrer Gattung sind.

TIP: Kurzhaarrassen sind leichter zu pflegen als langhaarige. Perser bedürfen der täglichen Pflege, dagegen verzeihen die halblanghaarigen Katzen eher ein paar vergessene Bürstenstriche.

Britisch Kurzhaar blau

Immer wieder liest man, daß man nach der Färbung des Fells auf den Charakter schließen könne; z.B. sollen verdünnte Farben wie Blau und Creme mit einem gemäßigten Temperament verbunden sein. Leider kann ich das nicht so ganz bestätigen, denn ausgerechnet unsere zwei Blue-point Colourpoints sind die „Giftnudeln" in der Katzenfamilie. Vielleicht sind sie aber auch nur die berühmte Ausnahme.

Für welche Rasse und Farbe Sie sich entscheiden, bleibt ganz Ihnen und Ihrem Geschmack überlassen. Im Grunde sind sie alle schön. Welche wird wohl Ihre Schönste?

Junge Somali

MÄNNCHEN ODER WEIBCHEN?

Unsere Hauskatze „Pussy", die 16 Jahre alt wurde, war ein Weibchen. Sie war etwas zurückhaltend, weshalb sie wohl, trotz Freilauf, auch so alt wurde. Sie strich um die Beine, und wenige Minuten auf dem Arm genügten ihr zum Schmusen. Allerdings war sie fast immer in unserer Nähe und sehr pünktlich zu den Essenszeiten. Wir liebten sie, trotz ihrer Macken, und ich dachte, dies seien typische Wesenszüge eines Weibchens, und deshalb sollte unsere nächste Katze unbedingt ein Kater sein.

Auf einer Katzenausstellung verliebte ich mich dann in einen Colourpoint-Kater, und wir hatten Glück. Er wurde genau so, wie wir uns einen Kater vorgestellt hatten: groß, wunderschön, mit einem sanften Wesen und ein absoluter Schmusebär.

Inzwischen sind einige Jahre vergangen, und einige weibliche und männliche Katzen haben unser Haus bevölkert. Ich weiß daher, daß Kätzinnen auch liebevoll und anhänglich sein

Der kleine Unterschied: links Kätzin, rechts Kater

können und daß es zurückhaltende Kater gibt. Persönlich liebe ich große, kräftige Kater, muß aber gestehen, daß in meinem jetzigen Haushalt die weiblichen Tiere wesentlich anhänglicher und meine Kater die Sensibelchen sind. Grundsätzlich sind Kater größer und vielleicht etwas

TIP: Am besten lassen Sie sich überraschen, denn ob Kater oder Katze – meist wird Ihnen diese Entscheidung von der Katze selbst abgenommen. Sie sehen eine, verlieben sich in sie, und dabei sollte das Geschlecht eine untergeordnete Rolle spielen, denn wie gesagt: beide können so oder so sein.

toleranter gegenüber anderen Katzen, besonders gegenüber den weiblichen, die wiederum sehr dominant sein können. Außerdem ist die Kastration des Katers, was bei einer reinen Wohnungshaltung dringend anzuraten ist, einfacher durchzuführen als bei einem Weibchen.

KÄTZCHEN ODER ERWACHSENES TIER?

Natürlich ist es wunderschön, das Heranwachsen eines Kätzchens zu erleben. Die meisten Menschen entscheiden sich deshalb auch für ein Jungtier, obwohl so ein junges Kätzchen ganz schön viel Unruhe – eben Leben – in den Haushalt bringen kann. Kleine Kätzchen schlafen viel, doch im wachen Zustand sind sie zu allerlei Schabernack und immer zum Spielen aufgelegt, und das am liebsten mit ihrem Menschen. Sie benötigen Ihre ungeteilte Aufmerksamkeit, d.h., Sie müssen Ihre Freizeit mit dem neuen Familienmitglied teilen.
Auf den berufstätigen Katzenfreund, der den ganzen Tag außer Haus war, gestreßt und müde heimkommt, wartet das ausgeschlafene, temperamentvolle Kätzchen und möchte jetzt beschäftigt werden. Wäre es da nicht sinnvoller, eine erwachsene Katze zu adoptieren? In ihrer Art ist sie schon etwas gesetzter, und man kennt ihren Charakter. Allerdings sollte man darauf achten (die Vermittlungsstellen, wo man solch eine Katze bekommt, wissen es auch), ob die Katze ihren Ausgang braucht oder aber in der Wohnung gehalten werden kann.
Manchmal gibt es auch zwei Katzen, die ihr bisheriges Leben geteilt haben und die man nicht trennen sollte; oder wie wäre es mit einer Katzenmutter und ihrem Kind?
Katzen-Hilfsorganisationen

Erwachsene Somali

und Tierheime geben gerne Auskunft über das Wesen und Verhalten ihrer oft zahlreichen Katzen und haben natürlich großes Interesse daran, ihre Schutzbefohlenen in die richtigen Hände zu vermitteln. Für die Katze bedeutet der Besitzerwechsel meist eine positive Wendung in ihrem Leben, so daß sie offen für Zuneigung und Zärtlichkeit ist. Natürlich gibt es auch Problemkatzen. Sollten Sie Ihr Herz für eine entdeckt haben, überlegen Sie es sich gut, denn solch ein Tier braucht all Ihre Liebe und Fürsorge.

Wie die sprichwörtlichen Schmusekatzen ...

Niemals sollte man eine Katze wieder zurückgeben oder umtauschen, wie man es mit Gegenständen machen kann.

TIP: Für ältere Menschen kann ich eine erwachsene Katze empfehlen - aus den vorher genannten Gründen. Man kennt die Katze und ihre Eigenheiten und kann das Leben harmonisch gemeinsam verbringen.

ZWEI KATZEN

Der Tag, an dem eine Katze ins Haus kommt, ist für Alleinstehende das Ende des Alleinseins und der Beginn der Einsamkeit der Katze. Ein Tag dauert für eine Katze eine Ewigkeit. Obwohl Katzenfreunde wissen, daß eine Katze sehr gut allein sein kann, sind 8 Stunden täglich doch absolut zuviel. Gerade Katzen, die nur in der Wohnung gehalten werden, langweilen sich, sind unglücklich, traurig und kommen auf dumme Gedanken.
Auch wenn Katzen nicht so leicht zu Neurosen neigen, werden sie - oft allein gelassen - früher oder später psychische Schäden aufweisen, z.B. ist Unsauberkeit eine typische Entlastungsreaktion auf psychischen Streß.

Gemeinsam gehen sie auf Entdeckungsreise.

Jemand hat zu mir gesagt, man solle sich vorstellen, sein ganzes Leben nur in der Gesellschaft von Katzen zu verbringen, keine menschliche Ansprache, eingesperrt in der Wohnung, da müsse man ja einen Knacks bekommen. Warum soll es für unsere Katze anders sein?
In verschiedenen Katzenpublikationen liest man, daß die Katze ein absolutes Einzeltier wäre und auch so zu halten ist. Zum Glück entspricht das nicht der Wahrheit, denn auch Katzen, die Freilauf haben, treffen immer mal wieder auf eine Katze, und das endet nicht unbedingt in einem Kampf.
Sollten Sie noch keine Katzen haben, aber mit dem Gedanken spielen, welche bei sich aufzunehmen, dann sind Sie in der glücklichen Lage, gleich zwei gleichaltrigen Kätzchen, am besten aus demselben Wurf, ein Heim zu bieten. Ob zwei Kater oder zwei Kätzinnen, spielt keine Rolle. Einzig bei einem Pärchen, egal ob aus dem gleichen Wurf oder aus verschiedenen, kann unerwünschter Nachwuchs ins Haus stehen.
Zwei Katzen wachsen zusammen auf, spielen miteinander, verstecken sich, suchen und fangen sich, kuscheln und putzen sich gegenseitig, schlafen zusammen und können von Mäusen und ihrem Menschen träumen. Es ist sogar wissenschaftlich bewiesen, daß zwei Katzen länger leben, weil sie sich im gemeinsamen Spiel mehr bewegen und glücklicher sind.

DIE ZWEITE KATZE

Wenn Sie bereits eine Katze haben und ihr erst später einen Spielgefährten dazugeben möchten, so bedenken Sie, daß sich ein Kätzchen während der ersten 6 Lebensmonate ohne weiteres an ein anderes, gleich welchen Geschlechts, gewöhnen läßt. Je älter die erste Katze ist, um so schwieriger und langwieriger kann sich der Eingewöhnungsprozeß gestalten.
Bei einer erwachsenen Katze wird man nur glücklich, wenn die neue Katze noch sehr jung ist, ideal sind 12 bis 13 Wochen, und am besten vom entgegengesetzten Geschlecht.
Für das Aneinandergewöhnen sollten Sie sich Zeit nehmen, ein paar Tage Urlaub oder ein verlängertes Wochenende wären von Vorteil. Mit ein paar Tricks kann man die Katzen aneinander gewöhnen: Damit sich die beiden von Anfang an besser riechen können, tupfen Sie dem Neuling einen Tropfen Ihres Parfüms oder Ihres Rasierwassers hinters Ohr, der Duft verbindet. Sie können auch beide mit demselben Puder bestäuben, so daß sie gleich riechen.

Zwei, die sich gut verstehen.

Streicheln und loben Sie Ihre erste Katze mehr, damit keine Eifersüchteleien aufkommen.
Die jüngere Katze nimmt es Ihnen bestimmt nicht übel, denn mit jugendlicher Unbekümmertheit muß sie erst einmal alles erkunden, und Streicheleinheiten holt sie sich so oder so. Sie wird sich der Älteren schnell unterordnen, und einem harmonischen Zusammenleben steht nichts mehr im Weg.

TIP: Zwei Katzen sind zusammen glücklicher als eine. Wer Wohnungskatzen täglich 8 Stunden und mehr allein läßt, ist kein Tierfreund.

KATZE UND HUND

Erstaunlich viele meiner Bekannten leben mit Katze und Hund friedlich und einträchtig unter einem Dach. Hier zeigt es sich, daß beide nicht leben müssen „wie Hund und Katz", sondern daß sie lernen, sich anzupassen und gegenseitig zu akzeptieren.
Daß es zwischen Hund und Katze zu dem sprichwörtlichen Haß kommt, liegt in ihren unterschiedlichen „Sprachen" begründet. Durch ihre grundverschiedenen Körpersprachen kommt es eigentlich ab dem ersten Moment der Begegnung zu einer Reihe von Mißverständnissen. Das Wedeln des Schwanzes bedeutet für den Hund Freude und Wohlbefinden, bei der Katze heißt es Gereiztheit und Angriffslust. Das einfache Ohrenanlegen des Hundes als Ausdruck der Entspannung signalisiert der Katze Furcht und Kampfbereitschaft.
Schon beim allerersten Beschnüffeln der Katze durch einen freundlich gesinnten Hund beginnen die Mißverständnisse, weil die Katze einen Fremden an der Nase beschnuppern würde, der Hund aber das andere Ende seines Gegenübers zur Aufnahme freundschaftlicher Beziehungen aufsucht. Beide Tiere stufen ein artuntypisches Beschnüffeln als feindselig ein, d.h., die Katze faucht und ergreift die Flucht, und der eben noch freundliche Hund erinnert sich dadurch an seine Jagdinstinkte.
Es gibt noch eine andere Verwechslungsmöglichkeit: Beide müssen lernen, Schnurren und Knurren auseinanderzuhalten.
Einig sind sie sich beim

Sträuben der Nackenhaare, das für beide unmißverständlich Kampfbereitschaft bedeutet.
Hunde und Katzen müssen deshalb lernen, einander zu verstehen, doch dies ist nur möglich, wenn sie nicht verängstigt oder negativ vorgeprägt sind.
Am einfachsten ist es natürlich, beide als Jungtiere aneinander zu gewöhnen; sie lernen in angstfreier, ungezwungener Atmosphäre, einander zu akzeptieren. Bei beiden Tieren muß eine friedliche Einstellung erkennbar sein. So kommt es bei der ersten Begegnung hauptsächlich auf das Verhalten der Katze an. Der Hund akzeptiert leichter neue Mitglieder in „seiner Familie“, dabei hilft ihm sein geselliges Wesen.
Die Katze hingegen entscheidet nicht überstürzt, sie läßt sich Zeit, beobachtet ein wenig und lotet die Kraft und Stärke des anderen aus, bevor sie sich für das eine oder andere entscheidet. Katzen verhalten sich untereinander so, warum sollten sie bei einem Hund eine Ausnahme machen? Hat sich die Katze zur Freundschaft entschlossen, so hält sie meist ein Katzenleben lang, auch wenn der Erwählte als Hund das Licht der Welt erblickte.

Problematischer kann es werden, wenn eines der beiden Tiere schon länger im Haus lebt und das Auftauchen des anderen als „Revierverletzung“ empfunden wird. Die Erfahrung zeigt, daß Hunde als geselliges Rudeltier Neuankömmlinge schneller akzeptieren und aufnehmen. War die Katze das erste Tier und ein Hund kommt dazu, wird es wohl etwas längere Zeit dauern, da Katzen eher vorsichtig und mißtrauisch reagieren und auch schnell eifersüchtig werden können.
Mit Geduld und Fingerspitzengefühl kann man auch diese Probleme lösen, vor allem sollte der Neuankömmling ein noch sehr junges Tier sein.
Zwei erwachsene Tiere aneinander zu gewöhnen, ist allerdings außerordentlich schwierig. Dabei kommt es darauf an, welche Erfahrungen die Tiere gemacht haben und wie alt sie sind. Der Besitzer muß schon sehr tiererfahren sein, sich mit dem Verhalten beider Tierarten gut auskennen und sehr einfühlsam vorgehen können. Eigentlich stellt sich hier die Frage, ob das sein muß und im Sinne der Tiere gehandelt wird, oder nur der eigene Egoismus befriedigt wird.

Trotz völlig unterschiedlicher Körpersprache haben sich die beiden aneinander gewöhnt.

VORSICHT: Eine Katze, die sich mit einem Hund den Haushalt teilt, ist deshalb nicht grundsätzlich als „hundefreundlich" zu bezeichnen. Fremden Hunden gegenüber wird sie immer mißtrauisch bleiben.

ZUSAMMENLEBEN MIT ANDEREN HEIMTIEREN

Kleintiere wie Fische, Vögel und Kleinnager kann man durchaus neben einer Katze pflegen. Eine der elementarsten Bedingungen muß man allerdings beachten: Heime und andere Behausungen sollten kippsicher und stets außerhalb der Reichweite der Katze aufgestellt werden, schon allein um den Tieren den Streß zu ersparen, den der Anblick ihres natürlichen Feindes hervorrufen würde.
Fische sind relativ sicher, wenn sie in einem größeren Aquarium gehalten werden, eine Abdeckung ist jedoch von Vorteil. Es gibt Katzen, die stundenlang vor einem Aquarium sitzen und die Fische beobachten. Es scheint der ideale Fernsehapparat für Katzen zu sein.
Auch hört man immer wieder, wie hervorragend Katzen sich mit Wellensittichen und anderen Vögeln, Hamstern oder anderen Kleinnagern in der Wohnung vertragen können. Die Graupapageien meiner Mutter zum Beispiel haben keinerlei Angst vor den Katzen und laufen ganz selbstbewußt zwischen ihnen herum. Wahrscheinlich sind sie sich der Gefährlichkeit ihrer Schnäbel bewußt und fliehen deshalb auch nicht vor den Katzen.

Das Fernsehprogramm für die Katze

TIP: Trotz aller guten Freundschaft - unbeaufsichtigt würde ich keinen freifliegenden Vogel oder freilaufenden Kleinnager allein mit einer Katze im Zimmer lassen, denn manchmal ist doch das angeborene Verhalten stärker als jedes aufgezwungene Verbot.

WIE KOMME ICH ZU EINER KATZE?

Manchmal kommt eine Katze auch zu Ihnen, wenn z.B. Kinder sie auf der Straße oder in einem Hof gefunden haben. Vielleicht hat die Katze des Freundes, der Freundin oder des Nachbarn Junge bekommen, und ehe man sich versieht, ist man Katzenbesitzer.
Auf einem Bauernhof gibt es immer mal wieder Kätzchen, die meist gratis, aber

auch ungeimpft, abgegeben werden und sich bestimmt auf Sie und Ihre Wohnung freuen.
Auf ein neues Zuhause würden sich auch zahlreiche Tierheimkatzen freuen.

Doch bauen die meisten Tierschützer berechtigt hohe Hürden für den Katzenfreund auf, um sicherzugehen, daß Tierheimkatzen nicht in Versuchslabors landen. Eine Überprüfung des neuen Heims ist daher erforderlich. Dasselbe gilt für Katzen-Hilfsorganisationen.
Sollten Sie sich für eine Rassekatze entschieden haben, so kaufen Sie sie nur direkt beim seriösen Züchter, niemals aber im Zooladen, beim Tierhändler oder auf dem Parkplatz vor dem Supermarkt oder Einkaufscenter. Ein Tier nur zu kaufen, um es aus seinem beklagenswerten Dasein zu erlösen, ändert nämlich generell nichts an der Situation. Das von Ihnen „erlöste" Tier würde sofort durch ein neues ersetzt werden.
Diese Tiere stammen meist von Massenzüchtern, sie werden oft zu früh von ihrer Mutter getrennt und vielen fehlt die Bindung und das Vertrauen zum Menschen. Oft sind sie krank, und die kleine Katzenseele leidet unter den schlimmen Bedingungen. Sie als Käufer haben nicht die Möglichkeit, den Züchter oder die Elterntiere kennenzulernen, und erhalten auch keinen bei Zuchtverbänden anerkannten Stammbaum, da alle eingetragenen Zuchtverbände in ihren Satzungen ausdrücklich den Verkauf von Katzen an Händler verbieten. Ein seriöser Züchter würde auch nie seine Tiere an solche Händler verkaufen.
Gegen eine Vermittlung ist

Aquarien sollte man lieber abdecken.

Ein nicht alltägliches Miteinander

dagegen nichts einzuwenden.

TIP: Die Adressen von privaten Hobbyzüchtern können Sie den Anzeigenseiten von Tierzeitschriften entnehmen oder von den Zuchtverbänden (siehe Seite 60) und beim Tierarzt erfahren.

BEIM ZÜCHTER

Die Katzenzucht ist für fast alle Züchter ein Hobby, welches die Liebe zum Tier und zur jeweiligen Rasse voraussetzt. Hobbys kosten fast immer Geld und bringen selten welches ein. Ein seriöser Züchter achtet in seiner Zucht in erster Linie darauf, daß er mit gesunden Tieren züchtet, ihnen die jährlichen Schutzimpfungen gibt und einen Nachweis über einen Leukose- und FIP-freien Bestand führt (siehe Seite 57). Ferner sollten die zum Züchten vorgesehenen Tiere dem Rassestandard entsprechen und keine gravierenden Fehler bezüglich Rassemerkmale und Charakter aufweisen, die auf die Jungtiere vererbbar wären.
Nachdem bei Ihnen die Entscheidung für eine Rasse gefallen ist und Sie sich Züchteradressen besorgt haben, nehmen Sie Kontakt zu mehreren Züchtern auf. Schon am Telefon ist es möglich, sich ein ungefähres Bild von einer Zucht zu machen. Fragen, die Sie dem Züchter schon am Telefon stellen können, sind:
- Besteht eine Verbandsmitgliedschaft,
- wieviel Tiere leben im Haushalt,
- in welchem Alter werden die Kätzchen abgegeben,
- sind sie entwurmt,
- welche Impfungen und Papiere erhält die Katze?

Ein Wurf Siamkätzchen beim Züchter

Die meisten Züchter beraten Sie gerne und beantworten Ihre Fragen offen und ehrlich.
Selbstverständlich wird auch der Züchter Fragen zu Ihrer Person und Ihren Verhältnissen stellen. Ein verantwortungsvoller Züchter bespricht mit Ihnen Vor- und Nachteile der Katzenhaltung und interessiert sich für eine eventuelle Urlaubsunterbringung, denn immerhin geht es um ein Tier, mit dem Sie die nächsten 12 bis 18 Jahre leben werden.
Von Vorteil wäre es, wenn Sie mehrere Züchter besuchen können, denn nur durch den direkten Vergleich kann man beurteilen, bei welchem Züchter man die beste Katze erhält.
Grundsätzlich sollten Sie alle Tiere eines Züchters sehen, nicht nur das angebotene Jungtier, und lassen Sie sich auf jeden Fall immer die Mutter zeigen.
Normalerweise ist jeder Züchter stolz, Ihnen seine Kätzchen zeigen zu dürfen. Wenn er Ihnen die Mutterkatze Ihres zukünftigen Kätzchens aber nicht vorführen will, ist absolute Vorsicht geboten! Dieses Verhalten wirft die Frage auf, ob die Kätzin vielleicht krank, ungepflegt oder sogar verstorben sein könnte. Oder Sie sind an einen Händler geraten, der Jungtiere aufkauft und dann mit Profit weiterverhökert.
Sollte Sie jemand in ein sauberes Wohnzimmer setzen und dann von Zeit zu Zeit verschwinden, um ein zum Verkauf angebotenes Kätzchen zu holen – dann Finger weg! Bestehen Sie darauf, alle Räumlichkeiten zu sehen, in denen die Katzen gehalten werden.
Ein seriöser Züchter hat nichts zu verbergen, sondern er wird sich viel Zeit für Sie nehmen und Sie ausführlich über Haltung, Futter, Pflege, Charakter usw. beraten. Die Katzenkinderstube ist ganz entscheidend für die Entwicklung des Kätzchens, deshalb sollte man natürlich darauf achten, aus welchem Haus der neue Mitbewohner kommt.
Einige Züchter bringen, nachdem Sie sich für ein Kätzchen entschieden haben, das Tier zu Ihnen nach Hause: sie möchten sehen, ob es auch gut untergebracht ist, und werden Ihnen vielleicht noch ein paar Tips zur Unterbringung geben. Ein verantwortungsvoller Züchter zeichnet sich auch dadurch aus, daß er dem Käufer auch nach dem Verkauf immer mit Rat und Tat zur Seite steht.
Bitte besuchen Sie nicht mehrere Zuchten an einem Tag. Sie könnten dadurch Krankheiten von einer Zucht in die andere übertra-

Bei so viel Charme fällt die Wahl schwer.

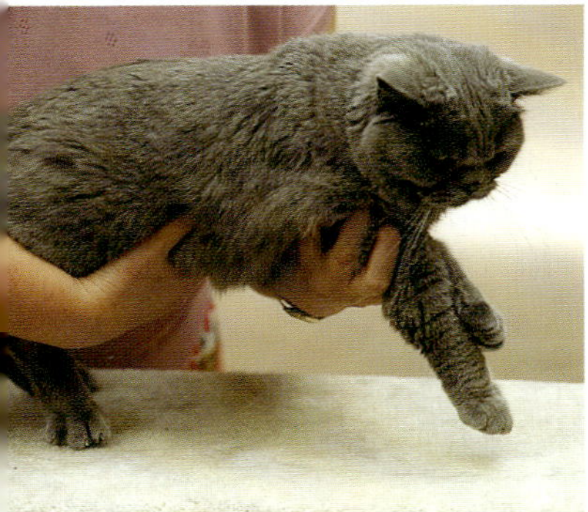

Der Leib ist rund, fest und nicht aufgedunsen.

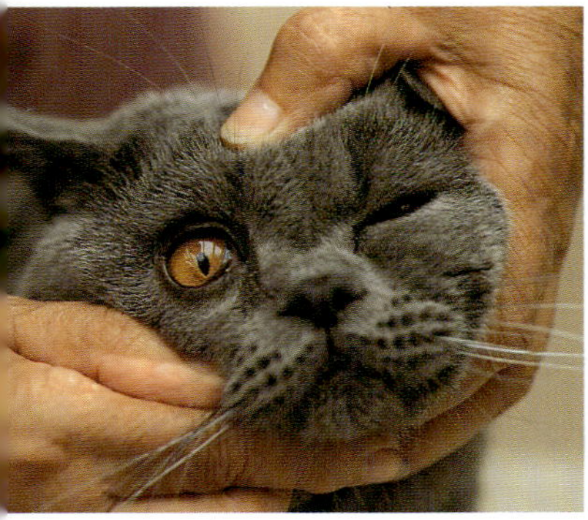

Augen klar und glänzend, Nase kalt und feucht

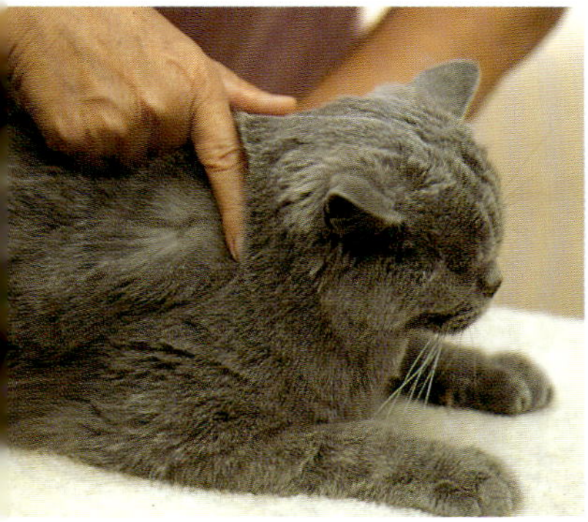

Das Fell ist gepflegt und überall sauber.

gen, und dies sollte schon in Ihrem eigenen Interesse vermieden werden, da Sie genau wie alle anderen ein gesundes Tier möchten. Leider gibt es immer noch unseriöse Züchter, die die Gutgläubigkeit des unerfahrenen Katzenkäufers ausnutzen und ohne jedes Verantwortungsbewußtsein kranke, ungeimpfte und psychisch gestörte Kätzchen für gutes Geld verkaufen.

IST DIE KATZE GESUND?

Egal welche Katze Sie sich ausgesucht haben, schauen Sie sich das Tier genau an. Spielen Sie mit dem Kätzchen, beobachten Sie es beim Laufen, heben Sie es hoch, und befühlen Sie seinen Bauch: er sollte rund sein, aber nicht aufgedunsen, und er darf keine Verdickungen aufweisen, die auf einen Nabelbruch hindeuten könnten.
Die Augen müssen klar und glänzend sein und, genauso wie die Nase, sauber und frei von Ausfluß. Das dritte Augenlid, die sogenannte Nickhaut, darf nicht zu sehen sein, ein Hervortreten kann eine Krankheit anzeigen. Augenrötung oder Nasenrotz können auf Katzenschnupfen hindeuten. Eine gesunde Nase ist kühl und ein wenig feucht.
Die Ohren müssen innen völlig sauber sein: übermäßige Ohrenschmalzbildung, Schmutz, Kopfschütteln oder Kratzen am Ohr deuten auf Ohrmilben hin. Schauen Sie der Katze in den Mund: Die Zähne müssen gerade stehen und sind bei Jungtieren weiß, können aber bei älteren Tieren durch Zahnsteinbildung eine leicht gelbliche Färbung haben. Das Zahnfleisch ist hellrosa, ohne Rötung oder Entzündung.
Beachten Sie auch Haut und Fell, die ein guter Gradmesser für die Kondition sind. Das Fell sollte dicht, sauber, glänzend und nicht verfilzt sein und ohne Spuren von Flöhen oder anderen Parasiten. Die Haut darf keine Kahlstellen, Schorf, Entzündungen oder Ausschläge aufweisen. Unter dem Schwanz deuten Schmutzspuren auf evtl. Durchfall oder Wurmbefall hin, denn eine gesunde Katze setzt festen Kot ab und ist auch in dieser Region sauber.

WAS KOSTET EINE KATZE?

Jedes Tier kostet Geld, wenn nicht schon in der Anschaffung, dann zumindest in der Lebenshaltung. Für eine Katze müssen Sie monatlich ca. 100,– DM für Futter- und Streukosten

rechnen, was aber nicht heißt, daß sich für zwei Katzen die Kosten verdoppeln. Aus Erfahrung weiß ich, daß man versucht ist, eine Einzelkatze stark zu verwöhnen. Man kauft die kleinen Futterdöschen, und wenn die Katze diese nicht mag, landet das Futter im Abfall. Bei zwei Katzen mag ein wenig Futterneid aufkommen, aber grundsätzlich sind zwei Katzen nicht so wählerisch und verwöhnt wie eine, und man kann das etwas größere und deshalb preiswertere Dosenfutter kaufen.
Zusätzlich wird man, unabhängig von den Impfungen, nicht ganz ohne Tierarztkosten auskommen, die natürlich bei zwei Katzen doppelt soviel ausmachen.
Der Anschaffungspreis einer Rassekatze liegt natürlich wesentlich höher als der einer Hauskatze. Hauskatzen bekommt man von Freunden oder vom Bauernhof teilweise geschenkt, wobei man anschließend die Impfkosten selbst tragen muß; beim Tierheim oder bei Katzenhilfen zahlt man einen Unkostenbeitrag, je nach gesundheitlicher Betreuung der Katzen.
Für eine Rassekatze zahlt man für ein gesundes, geimpftes Jungtier mit Stammbaum ungefähr 500,- bis 1000,- DM. Das ist natürlich nur ein Richtwert, da es auf die Rasse und die „Qualität“ des Tieres ankommt. Letztendlich ist der Preis Sache des Züchters, denn hier gibt es keine Preisbindung, und für manche seltene Rasse oder Farbe wurden schon mehrere tausend Mark bezahlt. Angebot und Nachfrage regeln auch hier den Preis.
Es gibt auch Züchter, die manchmal eine ältere, inzwischen kastrierte Zuchtkatze gegen einen Unkostenbeitrag abgeben.

Beim Katzenkauf beachten

- Die Katze ist lebhaft und verspielt.
- Die Katze ist gesund.
- Die Katze ist mindestens 12 Wochen alt.
- Die Katze ist gegen Katzenseuche und Katzenschnupfen geimpft und hat einen Impfpaß.
- Die Rassekatze hat einen Stammbaum.
- Die Elterntiere beim Züchter sind gegen Leukose geimpft.

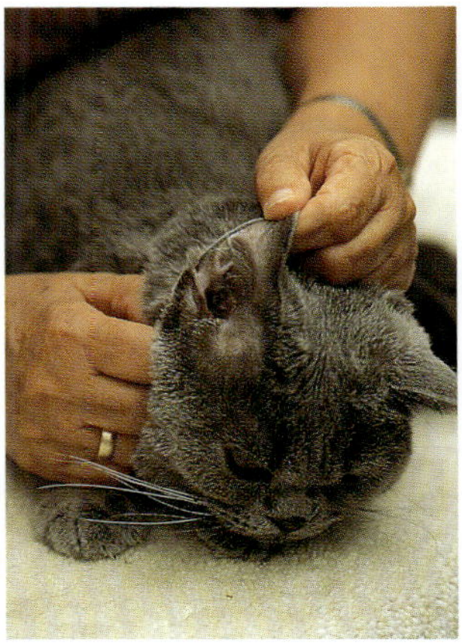

Saubere Ohren sind für die Gesundheit wichtig.

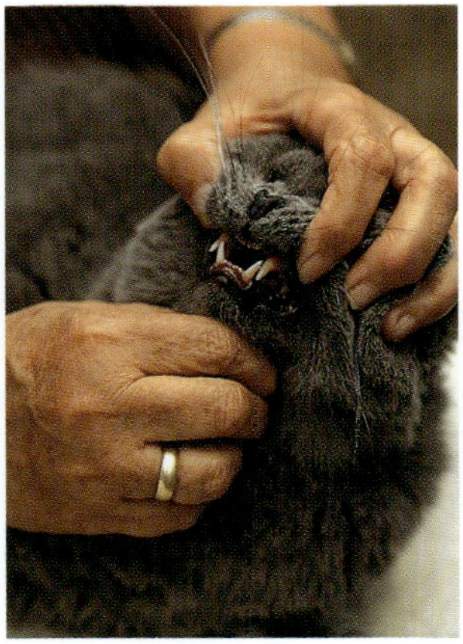

Das Gebiß ist weiß und ohne Zahnstein.

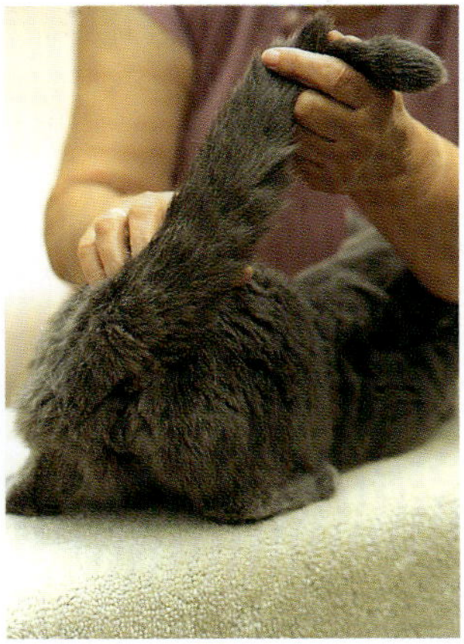

Ein Kätzchen ist auch unter dem Schwanz sauber.

Die Einrichtung

Eine Wohnung für die Katze

Die Erstausstattung für den neuen Mitbewohner sollte aus einem Futternapf, einem Wassernapf, einer Katzentoilette mit Katzenstreu und Schaufel bestehen.

Das sind die allerwichtigsten Dinge, die zur Minimalausstattung gehören und die Sie schon im Hause haben müssen, bevor die Katze kommt. Alle anderen Gegenstände wie Schlafkorb, Kratzbaum, Spielzeug und Pflegeutensilien können Sie nach und nach besorgen. Von Vorteil ist es, wenn Sie auch schon einen Transportkoffer zum Abholen der Katze haben. Sie können natürlich auch einen von Bekannten ausleihen.

Solche Wohnlandschaften bieten genügend Platz für Katzenfamilien.

Kuschelhöhlen sind beliebte Ruhe- und Aussichtsplätze.

DIE ERSTEN TAGE

Die beste Zeit, um sich an eine neue Katze zu gewöhnen, ist ein Wochenende oder ein paar Tage Urlaub. Lassen Sie Ihre Katze zu Beginn Ihrer Beziehung nicht zu viel allein. Sie können sie so besser kennenlernen, und sie fühlt sich nicht so einsam.
Das Abholen der Katze wird wahrscheinlich mit dem Auto stattfinden, wobei Sie darauf achten sollten, daß der Tag nicht zu heiß und die Katze in einem sicheren

Eine Kletterlandschaft mit richtigem Baumstamm zum Krallenschärfen

Transportkorb untergebracht ist. Auf keinen Fall dürfen Sie unterwegs den Koffer öffnen, mag die Katze auch noch soviel schreien.
Sie können beruhigend auf sie einreden, was meist aber nicht zu wirken scheint. Meiner Erfahrung nach hört die Katze meist von selbst auf, wenn sie nicht beachtet wird.
Zu Hause angekommen, zeigen Sie Ihrer Katze als erstes die Katzentoilette. Das sollten Sie im Laufe der Zeit noch mehrmals wiederholen. Lassen Sie die Katze in Ruhe die Wohnung erkunden, und sprechen Sie leise mit ihr. Daß der neue Mitbewohner in diesen ersten Tagen nicht zur Besichtigung freigegeben ist, sollte selbstverständlich sein.
In einer größeren Wohnung ist es vorteilhaft, den Aufenthaltsraum zunächst auf ein oder zwei Zimmer zu begrenzen, vor allem dann, wenn das Kätzchen noch jung ist.
So nach und nach geben Sie ihr dann die Möglichkeit, mit den anderen Räumen der Wohnung bekannt zu werden. Der freie Zugang zur Toilette muß aber immer gewährleistet sein.

TIP: Spielen Sie viel und reden Sie leise mit Ihrem neuen Mitbewohner, und stören Sie ihn nicht beim Schlafen.

Richtiges Hochheben und Tragen einer Katze

RICHTIG TRAGEN

Oft kann man beobachten, wie kleine Kätzchen von ihrer Mutter im Nackenfell gepackt und so von einem Ort zum anderen gebracht werden. Diese Transportart ist aber einzig und allein der Katzenmutter vorbehalten!
Wir unterstützen beim Hochheben des Kätzchens immer die Hinterbeine und fassen sie vorne zwischen den Vorderbeinen, so daß der Schwerpunkt der Katze auf der Hand ruht.
Ein Festhalten der erwachsenen Katze im Nackenfell ist nur im äußersten Notfall erlaubt.

WIE HEISST DIE KATZE?

Der englische Schriftsteller T.S. Eliot hat ein sehr schönes Gedicht über die Namensgebung geschrieben. Darin hat die Katze drei verschiedene Namen: den ersten für den Hausgebrauch und die Familie (wie Peter oder Minka), den zweiten entsprechend ihren Eigenschaften (wie Schnurribur oder Schlafliese) und einen dritten, den nur die Katze kennt und den sie nicht verrät.

Sie haben nun eine wunderschöne Aufgabe vor sich: Wie finde ich einen Namen, der mir und meiner Katze gefällt und auf den sie hört? Ihrer Phantasie sind natürlich keine Grenzen gesetzt; ob die Katze darauf hört, ist eine andere Frage. Rassekatzen haben in ihren Stammbäumen oft unaussprechliche Namen, und so mancher „Sir Sowieso“ wurde dann „Charly“ oder „Peterle“ gerufen.

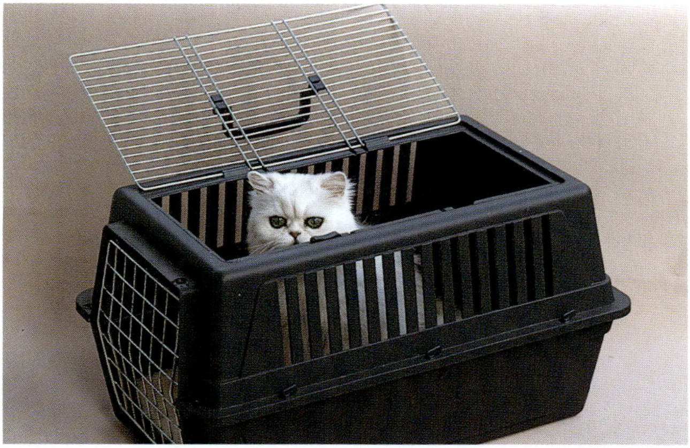

Praktisch sind Boxen, die sich oben öffnen lassen.

Auch Kinder lernen den richtigen „Griff“ schnell.

TIP: Geben Sie Ihrer Katze einen zweisilbigen Namen mit einem hellen Vokal, möglichst einem „i“. Es scheint erwiesen, daß Katzen sich einen solchen Namen besser einprägen und auch aus weiter Entfernung besser verstehen können.

DER TRANSPORT-BEHÄLTER

Früher oder später brauchen Sie für Ihre Katze ein Behältnis, in dem Sie sie z.B. zum Tierarzt transportieren können. Der Fachhandel bietet hier eine große Auswahl an. Bewährt haben sich Koffer aus leichtem Kunststoff- oder Glasfasermaterial, die gut belüftet, leicht zu reinigen und ausbruchsicher sind. Empfeh-

Die Näpfe sollen standfest sein.

lenswert sind Katzenkoffer, die man oben öffnen kann, um die Katze hineinzulegen.
Vergessen Sie nicht, eine Unterlage hineinzulegen; es kann eine Decke sein, ein Stück Teppichboden oder eine dicke Lage Küchentücher. Die Küchentücher erweisen sich besonders dann als sinnvoll, wenn es z.B. nach einer Operation (Narkose) auftretende Feuchtigkeit aufzusaugen gilt.
Vermeiden Sie Transportbehälter mit scharfen freiliegenden Kanten, die Ihre Katze verletzen könnten, und auch die zwar attraktiven, aber nicht allzu ausbruchsicheren Weidekörbe. Sie können überstehende Teile haben, sind schwer zu reinigen und lassen Zugluft durch.

DER FUTTERPLATZ

Der beste Platz für die Mahlzeiten ist eine Ecke in der Küche, wo die Katze in Ruhe fressen kann. Auf einer abwaschbaren Unterlage – denn Katzen kleckern gern – stellen Sie am besten zwei Futternäpfe auf: einen für Naß-, den anderen für Trokkenfutter.
Die Futternäpfe sollten standfest und leicht zu reinigen sein. Es gibt sie aus Kunststoff, Edelstahl, Steingut, Porzellan und Glas. Am praktischsten finde ich Näpfe, die nicht zerbrechlich sind und sich leicht in der Spülmaschine reinigen lassen, z.B. solche aus Cromargan.
Für den Durst stellen Sie eine etwas größere Schüssel auf, die ebenfalls leicht zu reinigen ist.
Selbstverständlich sollte der Futterplatz immer an derselben Stelle sein und nach Gebrauch das Geschirr gereinigt werden.

TIP: Stellen Sie einen zweiten Wassernapf mit stets frischem Wasser an einer anderen Stelle Ihrer Wohnung auf, und Sie werden feststellen, daß Ihre Katze aus diesem besonders gern trinkt.

Ein herrliches Kuschelbett zum Träumen

Gemütliche Schlafplätze findet sie überall.

DER SCHLAFPLATZ

„Nach dem Essen sollst du ruhen." Das gilt ganz besonders für Katzen, die ca. 60% ihres Lebens verträumen, verschlummern und verdösen. Sie schlafen überall – nur meist nicht da, wo sie schlafen sollen. Ich habe schon die verschiedensten Körbchen und Kuschelhöhlen gekauft. Manchmal hat das „Neue" die Katzen tatsächlich gereizt, und es wurde für einige Tage als Schlafstatt angenommen. Aber nachdem die Neugier befriedigt war, wurde ein neuer Lieblingsplatz entdeckt und die Kuschelhöhle zur Dekoration degradiert. Sie können natürlich Ihren gestalterischen Ideen freien Lauf lassen und ein Katzenhaus bauen oder eine Kiste liebevoll mit Kissen und Polster ausstatten. Vielleicht haben Sie Glück, und Ihre Katze läßt sich darin zu einem Nickerchen nieder. Katzen haben ihre eigene Vorstellung davon, wo sich der Tag am besten verdösen läßt. Bevorzugt werden meist etwas höher gelegene Schlafplätze. Meine Katzen lieben die Fensterbänke, die ich mit Preßspanplatten auf ca. 30 cm verbreitert und mit Teppichboden bezogen habe. Außerdem mögen sie alle Arten von Kartons, die den Vorteil haben, daß man sie bei Verschmutzung leicht entsorgen und preiswert erneuern kann.
Ein beliebter Schlaf- und Ruheplatz sind die Hängematten des Kletterbaumes, und die höchste Katzenwonne ist immer noch ein Schläfchen im Bett „ihres" Menschen.

Komfort-Toilettenhäuschen: „Bitte nicht stören!"

nen sich die Katze nicht beobachtet fühlt.
Die dazugehörige mineralische Katzenstreu wird in den unterschiedlichsten Qualitäten angeboten. Wichtig ist, daß sie die Feuchtigkeit gut aufsaugt und geruchsbindend ist. Der Boden der Katzentoilette sollte mit einer etwa 5 cm hohen Streuschicht bedeckt sein.
Die heutzutage erhältliche Katzenstreu braucht nicht jeden Tag komplett erneuert werden. Entfernen Sie

Hier ist Kratzen erlaubt.

Wahrscheinlich müssen Sie ein wenig herumexperimentieren, bis sich ein Schlafplatz findet, mit dem Sie und Ihre Katze einverstanden sind. Aber denken Sie an die ungezähmten Vorfahren unserer Katzen, die Nomaden waren und die „heute hier und morgen da" ihre Zelte aufgeschlagen haben.

DIE KATZEN-TOILETTE

Ein absolutes Muß für die Haltung einer Katze in der Wohnung ist ein Katzenklo, Katzenstreu und eine Schaufel. Der günstigste Platz für die Katzentoilette ist das Badezimmer oder, falls vorhanden, auch die Gästetoilette. Die Katze muß das Örtchen leicht finden können und immer freien Zugang dazu haben.
Der Fachhandel bietet verschiedene Modelle an. Am besten ist eine Wanne aus Hartplastik, die so tief ist, daß Ihre Katze beim Graben und Scharren keine Streu nach draußen werfen kann. Es gibt auch überdachte Modelle, welche die Geruchsbildung und das Hinausscharren der Streu in Grenzen halten und in de-

Kletterbaum für eine ...

die feuchten, verklumpten Stellen und Exkremente mit einer Schaufel, und füllen Sie frische Streu nach. Da Katzen sehr reinliche Tiere sind, gehen sie ungern auf eine nicht gesäuberte Toilette. Verschmutzte Streu muß also möglichst rasch entfernt werden.
Wer seine Katze längere Zeit allein lassen muß, kann ihr auch eine zweite Toilette zur Verfügung stellen. Einmal in der Woche sollten Sie die Katzentoilette mit heißem Wasser auswaschen, dazu aber auf keinen Fall Desinfektionsmittel benützen, denn diese könnten giftig sein, und vielleicht mag Ihre Katze den Geruch nicht. Der erste Toilettenbesuch könnte damit auch der letzte gewesen sein.
Entsorgen Sie die benützte Streu auf keinen Fall durch die Toilette; ein verstopftes Klo kann ganz leicht die Folge sein. Bei mir steht neben den Katzenklos ein Kunststoffeimer mit Deckel. Dort sammle ich in einer Tüte die gebrauchte Streu, und wenn genügend zusammengekommen ist, binde ich die Tüte zu und entsorge sie in den Restmüll.

Vor den Spielen eines Kätzchens ist nichts sicher.

... oder mehrere Katzen

KRATZ- UND KLETTERMÖBEL

„Ist die Couch erst ruiniert, lebt es sich ganz ungeniert" – nach diesem Motto müssen wohl die Menschen leben, die ihrer Katze keine andere Möglichkeit zur Krallenpflege geben. Doch das muß nicht sein. Schon mit einfachen Mitteln kann man eine Kratzgelegenheit herstellen, z. B. ein Stück Teppichboden (keine Schlingenware) an einer gut zugänglichen Ecke der Wohnung anbringen. Es gibt aber auch im Fachhandel einfache, preiswerte Kratzbretter.

Anschleichen und Beutefang werden spielerisch geübt.

Eine Kombination aus Kratz- und Kletterbaum ist für eine in der Wohnung lebende Katze die ideale Lösung. Bewährt haben sich mit Sisal umwickelte Stämme mit Sitz- und Liegeflächen, Kuschelhöhlen und Hängematten. Verschiedene Hersteller bieten ein Baukastensystem an, mit dem Sie einen richtigen Katzenwohnbaum gestalten können. Von der Einfachausführung bis hin zum Luxusmodell – es ist erstaunlich, was der Fachhandel sich in den letzten Jahren hat einfallen lassen. Es ist alles nur eine Frage Ihres Geldbeutels.

Sie können aber auch selbst kreativ tätig werden und aus Baumstämmen oder festen Papprollen (Hülsen von Teppichrollen), Spanplatten, Sisal und Teppichboden eine individuelle Katzenwohnlandschaft basteln.

TIP: Egal wofür Sie sich entscheiden, das wesentliche ist die Standfestigkeit. Ein Kratzbaum, der bei der ersten Erkundung umfällt, wird wohl kaum ein zweites Mal benützt werden. Mit Deckenspannern oder seitlich mit Winkeln an der Wand befestigt, dürfte der Kratzbaum auch den wildesten Angriffen Ihrer Katze standhalten.

Eine geduldige und beharrliche Erziehung führt dazu, daß die Katze den Sinn von Kratzbrett oder Kratzbaum recht bald begreift: Nehmen Sie sie von den Polstern weg, sprechen Sie ein energisches lautes „Nein", und zeigen Sie ihr dann, wie sie die Kratzgelegenheit benützen soll. Dabei loben Sie die Katze mit sanften, ruhigen Worten und ein paar Streicheleinheiten. Am einfachsten ist natürlich die Erziehung von frühester Jugend an.

SPIELZEUG

Katzen spielen für ihr Leben gern, am liebsten natürlich mit ihrem Menschen. Unsere Stubentiger sind ja in ihrem Innersten immer noch Raubtiere geblieben, deshalb macht ihnen Lauern, Schleichen, Springen und Fangen bis ins hohe Alter am meisten Spaß. Mit dem richtigen Spielzeug können Sie Ihre Katze dabei unterstützen und sie animieren.

Spielzeug wird in vielen Variationen im Fachhandel angeboten. Aber es muß ja nicht immer gekauftes Spielzeug sein. Ein Tischtennisball, ein Papierball, ein Korken laden zum Springen, Jagen und Fangen ein. Und wie schön läßt es sich in einem Karton, wo

Gemeinsames Spiel ist doch am schönsten.

auch noch Löcher ausgeschnitten sind, verstecken und auflauern. Papiertüten, auf keinen Fall Plastiktüten, sind ebenfalls hervorragende Verstecke.
Oder basteln Sie für Ihre Katze eine Katzenangel. Dazu versehen Sie einen Stab mit einer Schnur und befestigen an dieser eine Papierkugel oder eine Feder.
Vor manchen Spielsachen möchte ich allerdings warnen. Wer kennt es nicht, das Bild der Katze mit der Spielzeugmaus. Auch meine Katzen finden diese Mäuse überaus attraktiv, besonders wenn sie klappern. Nur entferne ich vor dem Spielen immer die Augen und die Nase, die aus gefährlichen spitzen Stecknadeln bestehen.
Katzen lieben Schnüre, Bänder und Wollknäuel, was man ebenfalls auf vielen Fotos sehen kann. Leider nehmen sie diese auch gerne ins Maul. So sind sie schnell verschluckt oder um den Hals gewickelt, und das Spiel endet nicht selten tragisch.
Dasselbe kann mit den Ringel- oder Kräuselbändern an Geschenken passieren. Deshalb sollte man beim Auspacken von Geschenken immer auch an seine neugierige Katze denken.

VORSICHT: Seien Sie in der Auswahl des Katzenspielzeugs sehr kritisch. Mag es Ihnen auch noch so gut gefallen – denken Sie dabei an die Gesundheit Ihrer Katze! Spielzeug darf auch nicht so klein sein, daß es im Eifer des Spiels verschluckt werden könnte.

Immer wieder angelt sie nach dem versteckten Ball.

GEFAHREN LAUERN ÜBERALL

Katzen sind außerordentlich neugierig und versuchen alles sofort spielerisch zu erkunden. So bleibt kein von uns unbemerkt liegengelassener Knopf, Nagel, Reißzwecke oder ähnliches

Vorsicht! Blumensträuße können scharfkantige Gräser enthalten.

Heiße Herdplatten sind kein guter Spielplatz für neugierige Katzen!

von der Katze unbeachtet. Es könnte sich ja zum Spielen eigenen. Besonders gefährlich sind liegengelassene Stecknadeln oder eingefädelte Nähnadeln.
Auch offenliegende Elektrokabel sollte man besser unterm Teppichboden oder hinter einer Leiste verbergen, denn manche Katzen scheinen davon überzeugt zu sein, daß diese zu ihrem Vergnügen gedacht sind und sie unbedingt darauf herumkauen müssen.
Besonders verlockend sind für eine Katze offene Türen. Um ihre Neugier zu befriedigen, muß sie hineinschauen – es könnte ja etwas dahinter sein, was sie noch nicht kennt. Dabei handelt es sich nicht nur um die offene Schranktür, sondern, was viel gefährlicher ist, um offene Türen von Waschmaschine und Wäschetrockner. Für einige Katzen ist der Wasch- oder Trockenvorgang schon zur tödlichen Falle geworden.
Überhaupt übt Wäsche auf Katzen eine magische Anziehungskraft aus. Ungewaschen hat sie noch den Geruch des Menschen an sich – manche Katzen sind ausgesprochene Schweißspezialisten –, saubere Wäsche riecht frisch und ist meistens noch schön warm, und es läßt sich wunderbar darauf schlafen.

ZIMMERPFLANZEN

nicht empfehlenswert

Alpenveilchen (Knolle)
Amaryllis (Zwiebel)
Anthurie
Azalee
Calla
Christusdorn *
Diefenbachie
Efeu
Korallenbeere
Kroton
Philodendron
Usambaraveilchen
Weihnachtsstern *
alle Wolfsmilchgewächse
* hochgiftig

unbedenklich

Bougainvillea
Buntnessel
Eukalyptus
Feigenbaum
Grünlilie
Zypergras

In der Küche gibt es ebenfalls viele Türen, z.B. vom Backofen, Geschirrspüler, Kühlschrank usw. Es empfiehlt sich immer, bevor man eine Tür schließt, nachzuschauen, ob man nicht aus Versehen seine Katze einsperrt.
Sehr gefährlich sind auch die Herdplatten.
Für die Katze ist es eine der einfachsten Übungen, auf die Arbeitsplatte oder den Herd zu springen. Wenn gekocht wird, kann die Katze durch heiße Platten oder einen umfallenden Topf mit

heißem Inhalt ernsthaft verletzt werden. Da bei elektrischen Herden die Kochplatten nach dem Benützen noch längere Zeit Wärme abgeben, sollte man einen Topf mit Wasser daraufstellen, um so der Unfallgefahr vorzubeugen. Mein Kochfeld hat z.B. Sensoren für die Warmhalteplatte; damit meine Katzen sie nicht zufällig einschalten, habe ich eine schöne Keramikfliese darübergelegt und so die Gefahr gebannt.

TIP: Spielen Sie mit Ihrer Katze, denn viele Unfälle passieren aus Langeweile. Schalten Sie Ihren gesunden Menschenverstand ein, so können Sie im voraus schon manchen Unfall vermeiden.

BALKONPFLANZEN

nicht empfehlenswert

Alpenrose (Rhododendron)
Buchsbaum *
Efeu
Geranie
Lorbeer
Oleander *
Primeln
Tabak
Wacholder
Wurmfarn
* hochgiftig

unbedenklich

Agave
Baldrian
Echter Thymian
Feldthymian
Goldmelisse
Katzenminze
Rosen
Zitronenmelisse

Das Fliegengitter schützt vor Stürzen.

Alle „Höhlen“ werden gerne erkundet.

VERGIFTUNGEN

Leider sind auch Vergiftungen aller Art sehr häufig. Normalerweise sind Wasch- und Putzmittel sowie alle anderen zum Haushalt gehörenden Sprays, Polituren und vieles mehr sicher im Schrank untergebracht. Dennoch können beim Benutzen der Mittel Gefahren für die Katze auftreten, wenn sie mit den Pfoten oder dem Fell damit in Berührung kommt. Die sehr reinliche Katze nimmt dann beim Putzen und Belecken die Giftstoffe direkt auf. Giftwirkung haben auch eine ganze Reihe von Pflanzen. Da Katzen naturgemäß ab und an gern Gras fressen, gehen sie nicht selten auch an derartige Pflanzen.

Selbstverständllich können die Listen bei der Vielzahl der im Handel erhältlichen Pflanzen nicht vollständig sein. Glücklicherweise wissen viele Katzen instinktiv, ob eine Pflanze giftig ist, und werden ihr aus dem Weg gehen.

TIP: Bieten Sie Ihrer Katze Gras zum Knabbern an. Sie können es kaufen oder Hafer oder Gras in einem Blumentopf aussäen.

Dieser gesicherte Balkon ist ein beliebter Aufenthaltsort.

Zwar nicht giftig, dafür aber sehr scharfkantig und mit Widerhaken behaftet sind manche Gräser in Blumensträußen oder Pflanzengestecken. Die Katze liebt es, an ihnen zu knabbern, doch durch die Widerhaken können sich diese Gräser im Rachen festsetzen und können dadurch nicht mehr weiterbefördert werden, Erbrechen ist auch nicht möglich, und der Gang zum Tierarzt ist unumgänglich. Wer das einmal erlebt hat, wird aus allen Blumensträußen und -gestecken sofort die Gräser entfernen. Nicht ganz ungefährlich sind auch Trockenblumen, die durch giftige Sprays haltbar gemacht werden.

EIN PLATZ AN DER SONNE

Der Wohnungskatze sollte man soviel frische Luft und Sonne wie möglich bieten. Dazu eignet sich ein Sitzplatz auf der Fensterbank am offenen Fenster oder ein Platz auf dem Balkon. Ihre Katze wird diese Möglichkeit bestimmt mit Freuden annehmen.
Durch vorbeifliegende Vögel oder Schmetterlinge kann allerdings der Jagdinstinkt der Katze geweckt werden, und ein Sprung ins Ungewisse wäre die Folge. Wie dieser Sprung ausgeht, hängt von der Etage ab, in der Sie wohnen.
Damit die Freude an dem Aussichtsplatz ungetrübt ist und Sie im Sommer die Katze bei offenem Fenster auch allein in der Wohnung lassen oder beruhigt schlafen gehen können, muß das Fenster gesichert sein. Mit etwas handwerklichem Geschick kann man einen mit Fliegendraht oder Spezialnetz überzogenen Rahmen am Fenster oder an der Tür anbringen.
Glücklicherweise haben viele Katzen, die in der Wohnung leben, die Möglichkeit, sich auf einem Balkon oder Dachgarten zu tummeln. Aber auch hier sollte die Sicherheit Ihrer Katze an erster Stelle stehen. Normalerweise spannt man ein Netz nach allen Seiten, so daß die Katze nicht ausbrechen kann. Ein Netz eignet sich besonders gut, da es nachgibt, die Katze findet so keinen Halt und kann nicht hochklettern.
Am einfachsten sind Balkone abzusichern, über denen der Balkon des nächsten Stockwerkes gebaut ist. Die Verschiedenartigkeit der Balkone erlaubt keine Patentlösung. Einige Firmen haben sich auf Fenster- und Balkonsicherungen für Katzen spezialisiert; bitte lassen Sie sich im Fachhandel beraten. Im Baukastensystem und zum Selbsteinbau gibt es inzwischen für alle Balkon- und Terrassenprobleme eine Lösung.
Lassen Sie nie ein Fenster oder eine Tür gekippt stehen. Katzen versuchen sich hindurchzuzwängen, bleiben hängen und strangulieren sich! Für Kippfenster gibt es spezielle Gitter, die man einhängen kann, oder man stellt das geöffnete Fenster mit Haken und Ösen in einem so geringen Abstand fest, daß keine Katze hindurchkommt.

TIP: Damit sich Ihre Katze richtig wohl fühlt, richten Sie ihr eine gemütliche Ecke auf dem Balkon ein. Ein kleiner Kletterbaum mit Aussichtsplattform und ein Topf mit Katzengras reichen, um Ihre Katze glücklich zu machen.

Für ältere oder ruhige Katzen reicht auch ein halbhohes Netz als Balkonsicherung.

Die richtige Ernährung

Liebe geht durch den Magen

Sie fangen ihr täglich ein paar Mäuse, reichen etwas Wasser dazu, und schon hat sich das Ernährungsproblem für Ihre Katze gelöst.

Wenn Sie keine Mäusezucht haben, stehen Sie allerdings vor der Frage: Was füttere ich dann? Die ideale Katzennahrung sollte in ihrer Zusammensetzung der natürlichen Nahrung der Katze entsprechen, wobei wir wieder bei der Maus sind. Diese enthält als Beutetier Muskelfleisch, Knochen, innere Organe und den Darm mit dem halb verdauten Speisebrei. Die Katze ist also kein reiner Fleischfresser. Daher folgende Fütterungsempfehlung: Die tägliche Ration sollte etwa 3/4 Eiweiß (Fleisch, Innereien, Fisch, Milchprodukte), 1/4 leicht verdauliche Kohlenhydrate sowie Mineral- und Ballaststoffe enthalten.

Vorsicht! Viele Katzen mögen Milch, vertragen sie aber nicht.

FERTIGNAHRUNG

Feuchtnahrung und Trockennahrung sind die zwei Grundtypen, die uns als Fertignahrung für Katzen angeboten werden. Beides wird als Vollnahrung hergestellt, so daß wir uns über Eiweiß, Mineralstoffe, Vitamine, Fette, Kohlehydrate und Ballaststoffe nicht mehr den Kopf zerbrechen müssen.

Feuchtnahrung gibt es in Dosen und Schalen in den verschiedensten Geschmacksrichtungen. Sie enthält ungefähr 80% natürliche Feuchtigkeit, so daß der größte Teil des Flüssigkeitsbedarfs einer Katze gedeckt ist und sie mit Feuchtnahrung als Alleinfutter ernährt werden kann.

Da Dosenfutter sehr lange haltbar ist (Haltbarkeitsdatum beachten!), kann man es auf Vorrat kaufen – und zwar möglichst verschiedene Sorten, so daß die Katze sich nicht auf eine Futtersorte spezialisiert. Damit geht man Problemen aus dem Weg, wenn einmal die auserwählte Futtersorte nicht mehr im Handel ist oder die Rezeptur verändert wurde.

Trockennahrung gleicht im Prinzip in ihrer Rezeptur der Feuchtnahrung, mit dem Unterschied, daß ihr das Wasser bis auf 10% entzogen wurde. Sie ist deshalb im Verhältnis zum Gewicht wesentlich konzentrierter, und die Katze muß reichlich Wasser zum Trinken bekommen.

Der Vorteil von Trockenfutter liegt in der langen Haltbarkeit sowie darin, daß die Katze beim Zerbeißen der Stückchen ihre Zähne und Kiefermuskeln einsetzen und gebrauchen muß, was der Zahnsteinbildung vorbeugt.

TIP: Achten Sie darauf, daß alle Nahrung lauwarm ist, also ca. 38 °C hat, und niemals direkt aus dem Kühlschrank gefüttert werden darf. Im Winter kann man die Dosen ca. 1 Stunde vor dem Füttern auf den Heizkörper legen.

Viele Katzen haben, gerade wenn es um ihre Nahrung geht, einen ausgesprochenen Dickschädel. Man kauft ihnen das tollste Katzenmenü, und sie beachten es nicht. Im Gegenteil, sie scharren es mit den Pfoten zu. Ein Ausdruck höchster Mißachtung! Es kostet schon etwas Mühe, herauszubekommen, was unsere Katze gern frißt.

Zu Beginn des Zusammenlebens mit einer Katze muß man manchmal viel ausprobieren und Geduld haben. Aber passen Sie auf: Verwöhnt ist eine Katze schnell. Leichter ist es wieder mit zwei Katzen: da ein gewisser Futterneid vorhanden ist, kommt es kaum zu Problemen.

Die beiden verstehen sich gut und fressen gerne gemeinsam.

ZUSATZNAHRUNG

Da in der Vollnahrung, ob trocken oder feucht, alles enthalten ist, was eine Katze braucht, wäre es nicht nötig, noch etwas zusätzlich zu füttern.
Unsere Schleckermäulchen mögen aber ab und zu eine kleine Aufmersamkeit, sei es als Belohnung, wenn sie das Kratzbrett das erstemal benutzen, oder als Entschuldigung, wenn wir sie etwas länger alleine gelassen haben.
Milch trinken alle Katzen gern, deshalb glauben wohl auch die meisten Menschen, daß Milch das geeignete Getränk für Katzen sei. Leider vertragen aber viele Katzen Milch überhaupt nicht, denn der enthaltene Milchzucker kann zu Durchfall führen.
Probieren Sie es bei Ihrer Katze vorsichtig aus; sollte sie Milch vertragen, so ist sie ein wertvoller Eiweiß- und Kalziumspender, aber kein Getränk.
Milchprodukte wie Joghurt, Dickmilch, Hüttenkäse oder Quark werden dagegen von fast allen Katzen sehr gut vertragen und sind deshalb, aus vorher erwähnten Gründen, unbedingt zu empfehlen.
Eier müssen eigentlich nicht auf dem Speisezettel stehen. Wenn Sie Ihrer Katze trotzdem - höchstens einmal die Woche - ein frisches Eigelb geben möchten, so ist dagegen nichts einzuwenden. Rohes Eiweiß darf aber nicht dazugehören, da es Vitamine zerstört.
Kalk ist in Form von Kalktabletten im Fachhandel erhältlich und ein „Bonbon“ für unsere Lieblinge.
Hefeflocken mögen meine Katzen besonders gern, wenn ich sie ihnen über das Futter streue.
Kleine Sünden sind ab und

Katzen sind Leckermäuler, die oft nicht widerstehen können.

Alter in Monaten	Körpergewicht in kg, ca.	Mahlzeiten pro Tag	Täglicher Bedarf an Vollnahrung (Dose)	Trockennahrung
2–4	0,8–1,6	4–5	190–300 g	40–50 g
4–5	1,6–2,0	3–4	280–300 g	45–50 g
5–6	2,0–2,5	2–3	230–280 g	45–50 g
6–8	2,5–3,5	2	230–330 g	50–80 g
ab 8	4,0–4,5	2	300–330 g	60–80 g

zu erlaubt, solange sie wirklich klein bleiben. Alles, was schmeckt, ist in Maßen erlaubt. Meine Katzen schlekken ab und zu ein kleines Stück Butter, bekommen auch mal beim Abendbrot ein Stück Wurst oder am Sonntag etwas Braten. Diese kleinen „Sünden" schaden nicht, sondern heben wie beim Menschen die Lebensfreude. Natürlich dürfen sie nicht überhand nehmen, sonst sind auf Dauer Schäden zu erwarten.

VORSICHT: In rohem Fleisch stecken gefährliche Infektionserreger. Durch rohes Rind, Schwein oder Geflügel können sich Katzen mit Salmonellen infizieren. Besonders bedrohlich ist rohes Schweinefleisch, da es das für Katzen tödliche Virus der Aujeszkyschen Krankheit übertragen kann.

WASSER

Alle freilaufenden Katzen trinken gerne Wasser aus Pfützen, und auch meine Katzen trinken mit Vorliebe aus Töpfen, in denen sich auf dem Balkon Wasser angesammelt hat. Das steht natürlich im Gegensatz zu allen Ratschlägen, daß man Katzen frisches Wasser zum Trinken geben soll. Sicher, das Getränk für die Katze ist Wasser. Bei mir bekommen sie es auch immer täglich frisch, d.h. warm aus dem Wasserhahn oder abgestanden aus dem Wasserkessel vom Herd. Im Laufe der Jahre habe ich festgestellt, daß die Katzen kaltes Wasser zunächst einmal stehenlassen und sich erst sehr viel später zum Wassernapf begeben, wahrscheinlich wenn es temperiert ist.

KATZEN MÖGEN GRAS

Ob Katzen Gras brauchen, ist nicht unbedingt erwiesen, daß sie aber Gras gerne fressen, dagegen schon. Gräser sind reich an Feuchtigkeit, enthalten Vitamine und Spurenelemente und sind eine wichtige Verdauungshilfe. Bei der Fellpflege nimmt die Katze zwangsweise immer wieder Haare auf und verschluckt sie. Dadurch kann es zu bösen Verdauungsstörungen oder Schlimmerem kommen. Die Gräser reizen nach der Aufnahme die Magenschleimhaut, lösen damit Erbrechen aus, und heraus kommt weißlicher Schleim mit einigen Grasstücken. Als Verdauungshilfe gibt es im Fachhandel auch eine Paste; ob sie so effektiv wie Gras wirkt, ist umstritten. Damit Ihre Katze in der Wohnung auf Gras nicht verzichten muß, sollten Sie ihr in irgendeiner Form ermöglichen, daran zu knabbern, auch um Ihre anderen Pflanzen zu schützen. Katzengras gibt es als Fertigpackung im Fachhandel zu kaufen. Sie können aber auch in einer Schale Haferkörner aussäen, was denselben Zweck erfüllt. Meine Katzen mögen am liebsten Zypergras, allerdings sieht man diesem nach ein paar Wochen an, daß die Katzen es zum Fressen gern haben!

Frisches Wasser muß immer bereitstehen.

Zypergras hilft bei der Verdauung.

Pflege und Hygiene

Die gepflegte Wohnungskatze

Katzen sind die reinlichsten unter unseren Hausgenossen und widmen einen großen Teil ihrer Zeit der Pflege.

Wer den Begriff „Katzenwäsche" in den Sprachgebrauch eingeführt hat, war wohl kein großer Katzenkenner! Schon ab der dritten Lebenswoche beginnen junge Kätzchen, sich selbst zu putzen und mit ihrer rauhen Zunge das Fell zu lecken. Dabei ist diese Katzenwäsche gleichzeitig Gymnastik und Massage für den Körper.

Zum Putzen ist so ein beliebter Aussichtsplatz gerade recht.

Die Katzenwäsche wird gründlich und ausgiebig betrieben.

FELLPFLEGE

Die Zunge ist der „Waschlappen“ der Katze, mit der sie überall dort leckt, wo sie hinkommt. Da sie die Zunge ständig feucht hält, wird das Fell dadurch sauber und glänzt seidig. Für die

Pflegeutensilien für die Kurzhaarkatze: Gummibürste, feinzinkiger Kamm, Bürste, Fensterleder

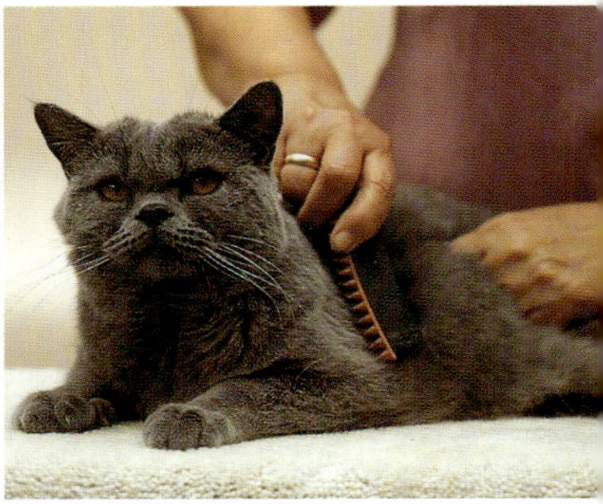

Die Gummibürste löst abgestorbene Haare heraus.

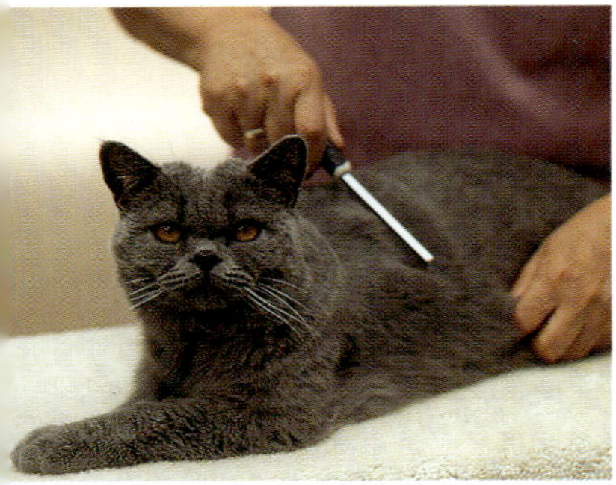

Mit dem Kamm wird die Katze vom Kopf bis zum Schwanz durchgekämmt.

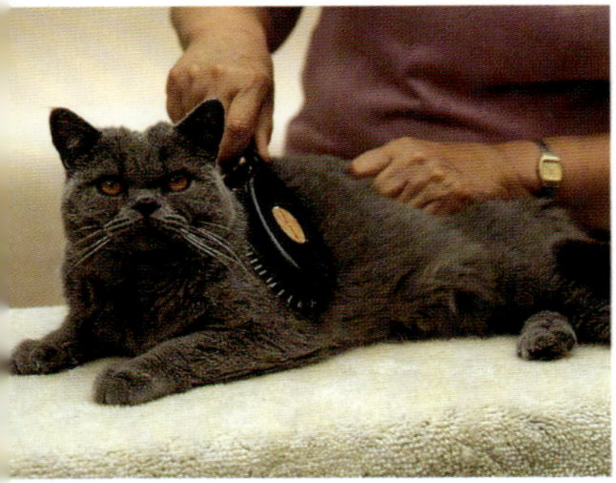

Die Bürste lockert das Fell auf, ohne weitere Haare herauszuziehen.

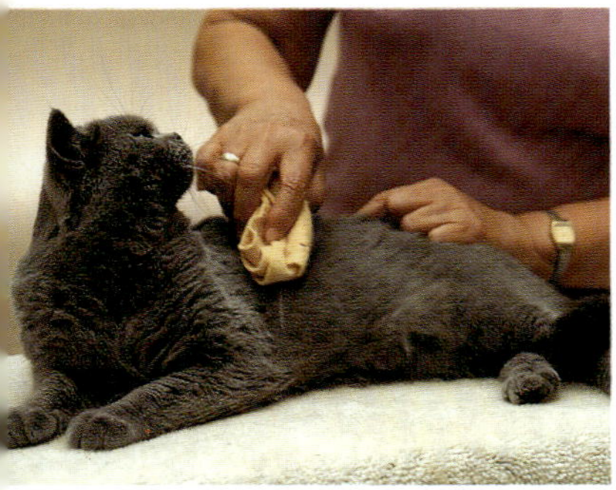

Mit dem Fensterleder bekommt das Fell einen schönen seidigen Glanz.

Stellen, die sie mit der Zunge nicht erreichen kann, benützt sie die Vorderpfoten, die Massagehandschuh, Bürste und Kamm in einem sind.
Der Besitzer spielt eine wichtige Rolle in der Unterstützung der Pflege, da die Katze keineswegs alle Partien ihres Fells erreichen kann und mit größeren Verschmutzungen oder Verknotungen nicht allein fertig wird.

Fellpflege der Kurzhaarkatze

Die Fellpflege ist unterschiedlich aufwendig und von der Rasse abhängig. Viele meinen, daß sie bei der Hauskatze praktisch überflüssig wäre, da diese selbst damit fertig würde. In Zeiten des Haarwechsels begrüßt es die Katze aber durchaus, wenn man mit einem feuchten Tuch oder den angefeuchteten Handflächen tote Haare entfernt. Und manche lieben es – und schnurren geradezu wollüstig –, wenn sie gekämmt werden. Durch tägliches Kämmen bleiben nicht mehr soviel lose Haare übrig, die von der Katze beim Putzen verschluckt werden können, und auch in der Wohnung bleiben weniger Haare liegen.
Gerade für Wohnungskatzen empfiehlt sich daher eine regelmäßige Fellpflege, da in der Wohnung über das ganze Jahr hinweg fast gleichbleibende Temperaturen herrschen und die Katze dadurch das ganze Jahr über Haare verliert. Während des Putzens verschluckt sie eine ganze Menge Haare, und es kann so zu einer Haarballenbildung im Magen kommen. Deshalb beugt regelmäßiges Kämmen der Bildung von Haarballen vor.
Einmal in der Woche können Sie, wenn Ihre Katze es mag, eine besondere „Schönheitsstunde" einlegen und sie auf „Hochglanz" bringen.
Beginnen Sie mit einer speziellen Gummibürste zum Lösen der abgestorbenen Haare, dann folgt das Durchkämmen mit einem feinen Kamm (Flohkamm), und mit einer weichen Bürste werden die noch lockeren Haare entfernt. Abschließend reibt man sie mit einem Fensterleder ab. Wenn Ihre Katze bis jetzt noch nicht die Schönste war, so ist sie jetzt bestimmt die „Allerschönste".

TIP: Einige Kurzhaarrassen, z.B. die Britisch Kurzhaar, haben ein besonders dichtes Fell, das bei ungenügender Pflege durchaus verfilzen kann.

Fellpflege der Langhaarkatze
Bei der Pflege ihres langen Fells braucht die Langhaarkatze unbedingt die Unterstützung ihres Besitzers. Halblanghaarrassen sind dabei weniger pflegeintensiv als die Perserkatzen und verzeihen ein nur gelegentliches Kämmen.
Bedingt durch die stärkere Unterwolle kann es bei Perserkatzen leicht zu Verfilzungen und Verknotungen des Fells kommen. Es bedarf deshalb einer täglichen Pflege
Kämmen Sie das Fell sorgfältig vom Hals bis zur Schwanzspitze durch. Zunächst mit dem Strich und anschließend dagegen. Achten Sie aber darauf, daß Sie bis zur Unterwolle durchkämmen, sonst haben Sie äußerlich eine gekämmte Katze und auf der Haut eine Filzmatte, die man nur noch abschneiden kann. Meistens muß dann der Tierarzt helfen, der das Fell unter Narkose abschert.
Beim Kämmen vergessen Sie bitte nicht die Stellen hinter den Ohren, zwischen den Beinen, unter der Brust und dem Schwanz.
Um das Fell fettfrei und duftig zu machen, kann man etwas Talkum oder Babypuder ins Haar streuen, dies erleichtert auch das anschließende vorsichtige Bürsten mit einer Drahtbürste. Für das Gesicht benützen Sie einen feinen Stahlkamm (Flohkamm) oder, da die meisten Bürsten zu grob sind, eine Zahnbürste.

Pflegeutensilien für die Langhaarkatze: weitzinkiger Metallkamm, Talkum, Flohkamm, Glanzbürste

TIP: Gewöhnen Sie Ihre Katze so früh wie möglich an diese täglichen Kämmaktionen.

PROBLEME MIT DEM SCHWANZ

Unkastrierte Kater, manchmal auch andere Katzen, haben ein spezielles Pflegeproblem – den Fettschwanz. Durch überaktive Talgdrüsen an der Schwanzwurzel entsteht eine Fettschicht, die besonders behandelt werden muß.
Es gibt verschiedene Methoden, dieses Problem in den Griff zu bekommen. Manche schwören auf das Einreiben mit Kartoffel- oder Maismehl oder mit einem Spezialpuder. Möglich ist auch das Baden des Schwanzes mit einem handelsüblichen Geschirrspülmittel.

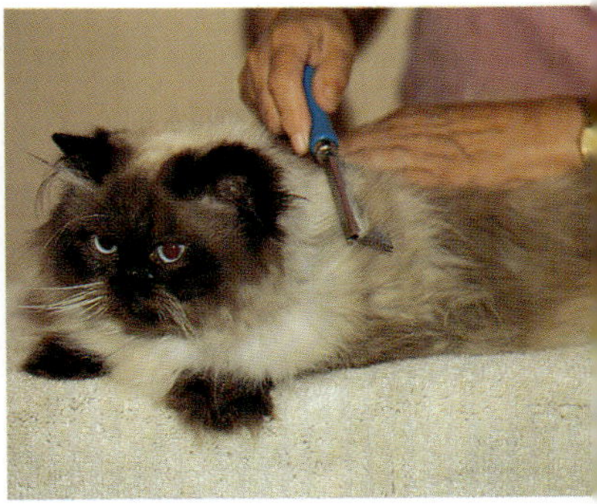

Auch bei Langhaar wird vom Kopf bis zum Schwanz durchgekämmt.

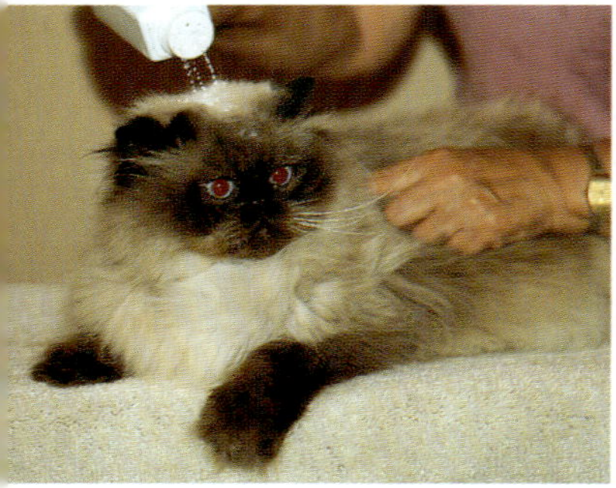

Talkum trennt die Haare voneinander und erleichtert so das Kämmen.

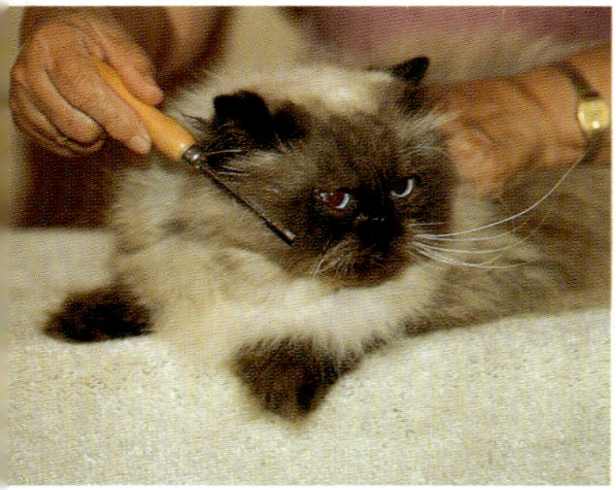

Zum Kämmen des Gesichts benutzt man einen feinzinkigen Kamm.

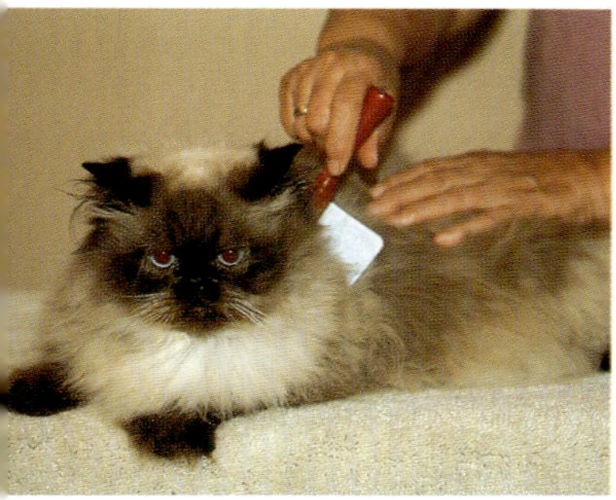

Zum Abschluß kann man mit einer Glanzbürste das Haar auflockern.

KRALLENPFLEGE

Katzen mit normalem Krallenwachstum, die fähig sind, ihre Krallen zurückzuziehen, betreiben in den meisten Fällen die erforderliche Krallenpflege selbst. Freilaufende Katzen wetzen ihre Krallen ganz natürlich am Baumstamm.
Deshalb müssen wir unserer Wohnungskatze eine Möglichkeit anbieten, ihre Krallen zu pflegen. An einem Kratzbrett oder Kletterbaum mit griffigem Stamm kann sie die Krallenspitzen einhaken und sich auf diese Weise der abgenutzten äußeren Hornschicht entledigen.
Nur wenn es unbedingt sein muß, z. B. wenn die Katze auf dem Teppich oder Teppichboden beim Laufen hängenbleibt, sollte der Mensch eingreifen und die Krallen kürzen.
Bevor Sie das erste Mal an das Beschneiden der Krallen gehen, lassen Sie es sich am besten von Ihrem Tierarzt oder Züchter zeigen. Es braucht sehr viel Vorsicht und Übung, damit der Katze kein Schaden zugefügt wird. Damit die Kralle zum Vorschein kommt, drücken Sie auf die Pfotenballe jeder einzelnen Kralle, dann sehen Sie, daß die Kralle zwei verschiedene Färbungen aufweist.
Mit einem Nagelschneider oder einer Spezialzange können Sie nun die weißliche Spitze der Kralle abknipsen. Auf keinen Fall darf in den rosafarbenen Teil geschnitten werden, der Blutgefäße und Nerven enthält; das würde dem Tier Schmerzen zufügen. Schneiden Sie, wenn es denn sein muß, lieber zuwenig als zuviel ab, und wiederholen Sie die Prozedur bei Bedarf.
Achtung: Eine Krallenamputation ist Tierquälerei und in Deutschland verboten.

AUGENPFLEGE

Keinesfalls ungewöhnlich ist es, wenn Sie in den inneren Augenwinkeln Ihrer Katze etwas Schmutz entdecken, den vielleicht auch Sie morgens nach dem Aufstehen haben. Mit einem Papiertaschentuch ist er leicht zu entfernen.
Wenn die Verschmutzung etwas stärker ist, z. B. bei einer Perserkatze, kann man sie mit einem in warmes Wasser getränkten Wattebausch, Papiertaschentuch oder einem speziellen Pflegetuch vorsichtig abwaschen.
Die Nickhaut, die sich von der Nasenseite her zum äußeren Rand des Auges bewegt, ist das dritte Augenlid der Katze. Sollte irgendein Fremdkörper im Auge sein,

kommt sie, meist einseitig, zum Vorschein. Ein beidseitiger Nickhautvorfall kann ein frühes Warnzeichen für eine Krankheit der Katze sein.

OHRENPFLEGE

Einmal wöchentlich sollten auch die Ohren auf Verschmutzungen hin untersucht werden. Befindet sich im äußeren sichtbaren Bereich der Ohrmuschel Schmutz, so darf dieser mit einem angefeuchteten Wattebausch ganz vorsichtig entfernt werden. Achten Sie unbedingt darauf, daß Sie niemals zu tief in die Ohrgänge dringen, das kann für das Tier sehr schmerzhaft sein und zu Verletzungen führen.

GEBISSPFLEGE

Mundgeruch ist leider ein Übel, das auch ganz gesunde Katzen haben können. Trotzdem kann er auf eine Zahnfleischentzündung oder Zahnsteinbefall hinweisen. Katzen jeden Alters können Zahnstein entwickeln. Um dies zu verhindern, sollten Sie Ihrer Katze immer etwas Trockenfutter oder etwas anderes zum Kauen anbieten.
Bei den jährlichen Impfterminen sollte der Tierarzt auch eine Zahnkontrolle durchführen.

BADEN – NEIN DANKE!

Da Katzen zu den saubersten Tieren gehören, ist Baden eigentlich überflüssig. Katzen sind absolut wasserscheu. Sie können zwar schwimmen, aber nur wenn

KRALLENSCHNEIDEN

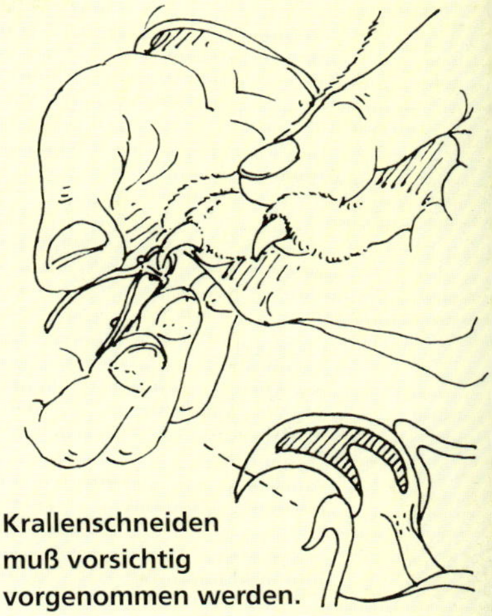

Krallenschneiden muß vorsichtig vorgenommen werden.

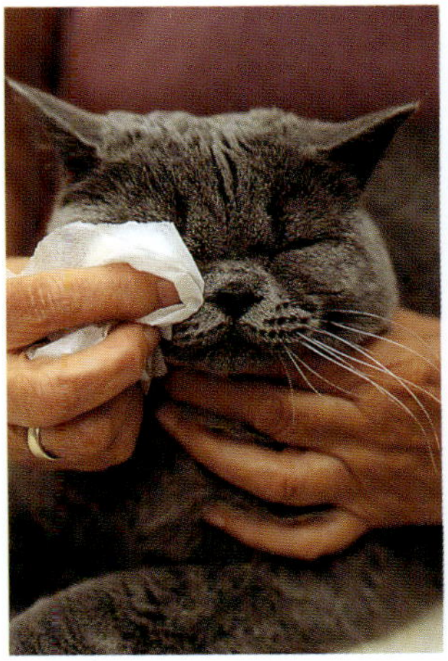

Augenpflege mit einem weichen Tuch

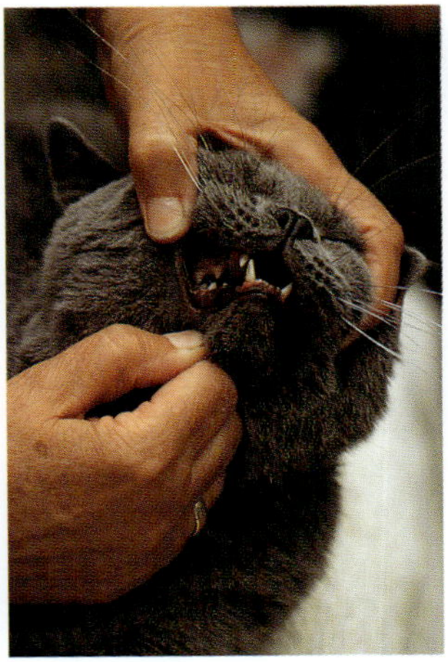

Regelmäßige Zahnkontrolle ist wichtig.

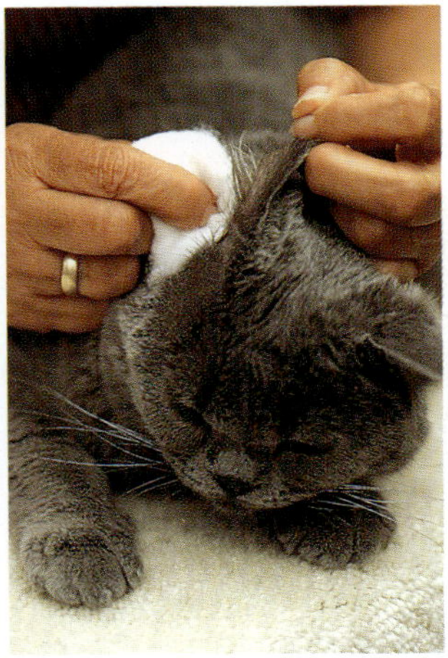

Ohrenpflege mit einem Wattebausch

Unsere Katze scheint zu ahnen, daß wir verreisen wollen, und möchte mit.

Die meisten Katzen mögen Baden nicht. Es ist normalerweise nur aus medizinischen Gründen nötig.

es unbedingt sein muß. Sollte ein Bad aus medizinischen Gründen erforderlich sein, dann achten Sie darauf, daß die Temperatur des Badewassers ca. 30 °C beträgt. Kämmen Sie das Haar vorher gründlich durch, und befreien Sie es von Knoten und Verfilzungen. Nach dem Bad achten Sie darauf, daß der Raum nicht zu kühl ist, und trocknen die Katze mit einem Handtuch möglichst gut ab. Danach fönen Sie sie so lange, bis das Haar auch am Ansatz trocken ist, und lokkern das Haar dabei mit den Fingern auf.

URLAUB

Jedes Jahr stellt sich für viele Katzenbesitzer die gleiche Frage: die Katze zu Hause lassen, sie mitnehmen, in eine Tierpension geben oder vielleicht doch auf den Urlaub verzichten?

Urlaubspflege daheim

Mit einer Urlaubsreise kann man einer Katze keine Freude machen. Am liebsten verbringt sie die Ferien zu Hause, und so ist es die beste Lösung, wenn sie in der Wohnung bleiben darf und zweimal täglich versorgt und beschmust wird. Allerdings würde ich eine Einzelkatze nicht über längere Zeit allein lassen, denn sie fühlt sich bestimmt vernachlässigt und kann bei Ihrer Rückkehr sehr beleidigt reagieren. Auch bei der Urlaubsfrage zeigt sich also, wie schön es ist, zwei Katzen zu haben. Sie können sich die lange Wartezeit gemeinsam vertreiben. Allerdings muß man eine vertrauenswürdige Person finden, die zur Betreuung bereit und auch geeignet ist. Am besten und einfachsten wäre es, wenn Nachbarn oder Bekannte die Katze versorgen könnten. Die Katze kennt die entsprechende Person, und Sie haben Vertrauen, ihr den Wohnungsschlüssel zu überlassen. Wer keinen Nachbarn hat, der öfters am Tag kommt, oder niemanden kennt, der in der Wohnung wohnen möchte, hat die Möglichkeit, Kontakt zu sogenannten „Cat-Sitter-Clubs" aufzunehmen, bei denen Katzenbesitzer Tiere auf Gegenseitigkeit betreuen (Kontakttelefon: 02 11 - 66 32 06). Für welche Möglichkeit Sie sich auch entscheiden, Sie sollten die besonderen Eigenheiten Ihrer Katze schriftlich festhalten: ihre Vorlieben und Abneigungen und einen speziellen Futter- und Pflegeplan. Sorgen Sie dafür, daß genügend Futter, Leckerbissen und Streu im Haus sind. Daß das Tier sich in einem einwandfreien Gesundheitszustand befindet, dürfte selbstverständlich sein. Hinterlassen Sie aber trotzdem, für alle Fälle, Ihre Urlaubsanschrift und die Adresse Ihres Tierarztes.

Mit in den Urlaub

Man kann die Mieze natürlich auch mit auf die Reise nehmen – ob es ihr gefällt, sei dahingestellt. Vielleicht probieren Sie es zuerst einmal mit einem verlängerten Wochenende und entscheiden dann über eine gemeinsame Urlaubsfahrt.
Bei Anmeldung Ihrer Reise muß natürlich sichergestellt sein, daß Ihr Hotel auch Katzen aufnimmt. Bei einer Reise ins Ausland informieren Sie sich über die verschiedenen Einreisebestimmungen. Auskunft erteilen der ADAC und die zuständigen Konsulate.

Tierpensionen

Die letzte, wirklich die allerletzte Alternative wäre eine Tierpension. Sicher gibt es hervorragend geführte Tierpensionen – aber wie findet man die? Sicher möchten Sie, daß Ihr Tier gut untergebracht ist, und daher sollten Sie, bevor Sie die Katze anmelden, das Katzenhotel genau unter die Lupe nehmen. Gute Pensionen sind meist schon frühzeitig ausgebucht, deshalb ist es wichtig, sich rechtzeitig umzusehen, zu vergleichen und sich anzumelden.

Wie Sie sehen, ist es gar nicht leicht, die richtige Entscheidung für die Katze und für sich selbst zu treffen – ein schlechtes Gewissen hat man dabei letztendlich immer.

Schön, wenn die Urlaubsbetreuerin Zeit für ein Spielchen hat.

Liebevolle Zuwendung, Spiel und Beschäftigung helfen, die Katze gesund zu erhalten.

Gesundheitsvorsorge und Impfungen

Die gesunde Wohnungskatze

Vorbeugen ist besser als Heilen. Um Krankheiten zu verhindern, ist richtige Ernährung, tägliche Bewegung und eine regelmäßige Pflege nötig.

Trotz dieser Vorsorgemaßnahmen kommt kein Katzenbesitzer ohne die Hilfe des Tierarztes aus - und sei es nur für die wichtigen Schutzimpfungen.

DER TIERARZT

Für die Tierarztwahl gibt es keine allgemeinen verbindlichen Regeln. Natürlich soll es ein Tierarzt sein, der sich auf Katzen versteht, den man auch mal bei Haltungsproblemen um Rat bitten kann und der natürlich

kompetent im Krankheitsfall ist.
Der Tierarzt sollte ein fester Bestandteil in der Gemeinschaft von Katze und Besitzer sein: So wie wir Menschen uns vorzugsweise von einem Arzt unseres Vertrauens behandeln lassen, so sollte auch mit der Katze möglichst immer derselbe Tierarzt aufgesucht werden. Suchen Sie frühzeitig einen für Sie und Ihre Katze geeigneten Tierarzt und nicht erst im Notfall.
Sinnvoll wäre es, wenn Sie Ihre Katze dem Tierarzt Ihrer Wahl zum erstenmal im gesunden Zustand vorstellen würden, so kann er Sie und Ihr Tier kennenlernen und bekommt einen Eindruck vom Aussehen und Verhalten Ihrer Katze. Es hat auch Vorteile für das Tier, denn so kann sie den fremden Menschen ohne schmerzhafte Erfahrungen kennenlernen.
Nehmen Sie auf jeden Fall zum ersten Besuch den Impfpaß zur Überprüfung mit. Falls die Katze noch nicht geimpft ist bzw. Sie es nicht genau wissen, würde sich jetzt die Gelegenheit dazu bieten.
Für die Fahrt und die Zeit im Wartezimmer benötigen Sie einen ausbruchsicheren Transportkoffer. Die Katze bleibt auch im Wartezimmer in diesem Behältnis.

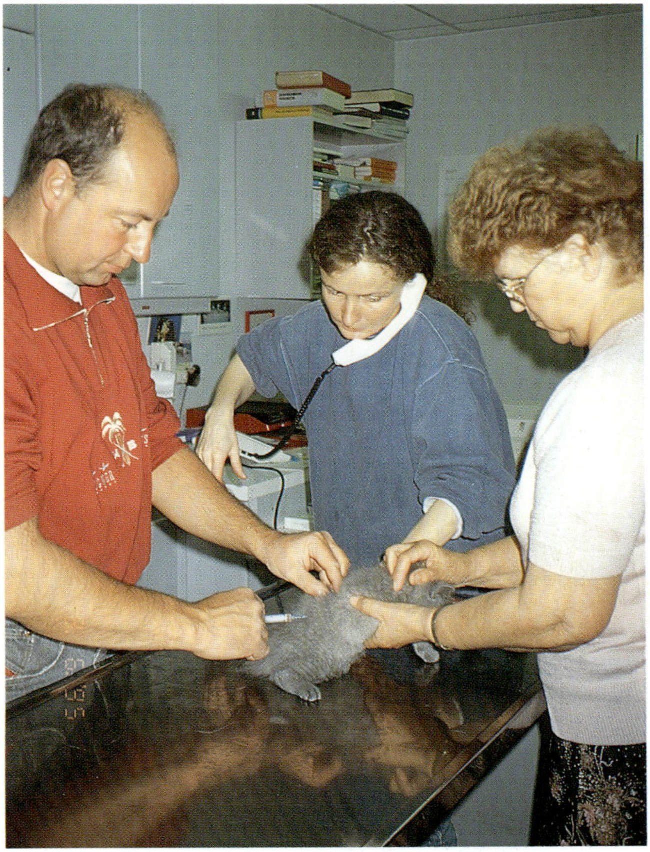

Am besten lernt die Katze den Tierarzt bereits kennen, wenn sie noch nicht ernsthaft erkrankt ist.

Und so schön und süß sie auch sein mag – lassen Sie niemanden Ihre Katze anfassen. Das sollten Sie selbst auch nicht bei einem fremden Tier tun. Zum Tierarzt kommen meist kranke Tiere, und das Wartezimmer ist eine Infektionsquelle, die nicht zu unterschätzen ist. Ihr Tier soll ja nicht kränker hinausgehen, als es gekommen ist. Außerdem könnten die fremden Menschen, Tiere, Geräusche und Gerüche die Katze erschrecken und eine unvorhergesehene Reaktion auslösen.
Beim Arzt im Behandlungszimmer berichten Sie im Krankheitsfall von Verhaltensänderungen und ande-

Auch Katzen schlafen sich gesund.

ren Symptomen, die im Gegensatz zum üblichen Auftreten der Katze stehen. Damit Sie nichts vergessen, ist es immer sinnvoll, sich zu Hause die Fragen und Beobachtungen auf einem Zettel zu notieren.

TIP: Die anschließende Behandlung, auch durch den besten Tierarzt, hat nur dann den erhofften Erfolg, wenn Sie als Katzenbesitzer viel Ausdauer und Geduld, Ruhe und Liebe aufbringen und sich an die Ratschläge des Tierarztes halten.

WANN ZUM TIERARZT?

Eine Katze hat sprichwörtlich sieben Leben – das bewahrt sie jedoch nicht vor Krankheiten. Zwar werden äußere Verletzungen wie Kratz- und Bißwunden, sogar Knochenbrüche schnell heilen. Gegenüber inneren Erkrankungen, Infektionen oder Parasiten besitzt eine Katze aber nur wenig Widerstandskraft.
Da Sie mit Ihrer Katze täglich zusammen sind, kennen Sie ihre Persönlichkeit, ihr Wesen, die Freßgewohnheiten und ihr Toilettenverhalten. Sollten Ihnen hier Veränderungen auffallen, ist dies ein Hinweis darauf, daß mit der Katze etwas nicht in Ordnung ist.

TIP: Bei jeder ernsthaften Veränderung oder Beobachtung zögern Sie den Arztbesuch bitte nicht hinaus, und versuchen Sie nicht, mit Hausmittelchen herumzudoktern, denn jede fortgeschrittene Erkrankung erschwert eine tierärztliche Diagnose und Behandlung.

VIRUSERKRANKUNGEN

Viruserkrankungen sind die eigentlichen „Problemkrankheiten" der Katze. Glücklicherweise gibt es gegen die meisten dieser Erkrankungen heute Schutzimpfungen, die für eine Gesundheitsvorsorge dringend notwendig sind.
Die Katzenseuche (Panleukopenie) war lange Zeit eine der gefürchtetsten Viruserkrankung. Seit erstklassige Impfstoffe zur Verfügung stehen, hat die Seuche ihren Schrecken verloren.
Der Katzenschnupfen ist eine immer noch problematische Krankheit, für die vor allem junge Katzen anfällig sind. Seit einigen Jahren gibt es auch dagegen ausgezeichnete Impfstoffe. Der Katzenschnupfen ist relativ leicht an den tränenden, oft verklebten Augen, vermehrtem Speichelfluß, wäßrigem Nasenausfluß, Appetitlosigkeit und Fieber zu erkennen.
Die Tollwut ist die einzige Erkrankung der Katze, an der sich Menschen anstekken können, die aber nur freilaufende Tiere gefährdet.
Die Leukose ist eine immer stärker um sich greifende Viruserkrankung, die fast immer tödlich ausgeht. Über eine spezielle Blutuntersuchung, den Leukose-Test, kann das Virus im Blut nachgewiesen werden.
Die Impfung, die es seit ein paar Jahren gibt, bietet heute einen einwandfreien Schutz gegen diese Krankheit. Wenn man sich ein Kätzchen beim Züchter kauft, ist darauf zu achten, daß der Bestand des Züchters gegen Leukose geimpft oder mindestens getestet ist.
Die Feline Infektiöse Peritonitis (FIP) oder ansteckende Bauchfellentzündung wurde erst in den sechziger Jahren entdeckt. Seit kurzem gibt es einen Impfstoff gegen diese Erkrankung.
Die Feline Immunschwäche (FIV) wird auch „Katzenaids" genannt, weil sie das Immunsystem der Katze zerstört. Es wurde erst 1986 entdeckt und ist für den Menschen ungefährlich. Das Virus läßt sich im Blut der infizierten Katze nachweisen, es gibt aber noch keinen Impfstoff dagegen.

TIP: Auch wenn Ihre Katze nur in der Wohnung gehalten wird, ist es dringend anzuraten, sie auf jeden Fall gegen Katzenseuche und Katzenschnupfen impfen und gegen die anderen Viruserkrankungen testen zu lassen.

Impfplan für erwachsene Katzen

Für die Erstimpfung erwachsener Katzen gelten sinngemäß dieselben Empfehlungen wie für junge, da, um einen wirksamen Impfschutz zu gewährleisten, eine Grundimmunisierung stattfinden muß. Ihr Tierarzt berät Sie gerne.

KASTRATION

Früher oder später steht jeder Katzenbesitzer vor der Frage: Lasse ich meine Katze kastrieren oder nicht? Eigentlich bedarf es keiner langen Überlegung, denn

MÖGLICHER IMPFPLAN FÜR JUNGE KATZEN

Impfung gegen	Erstimpfung	Zweitimpfung	Wiederholung
Katzenseuche*	8. LW	12. LW	alle 2 Jahre
Katzenschnupfen*	8. LW	12. LW	jährlich
evtl. Leukose	14. LW	16. LW	jährlich
evtl. FIP	16. LW	19. LW	jährlich
Tollwut	einmalig 12. LW		jährlich

* = kombinierter Impfstoff; LW = Lebenswoche

freilaufende und verwilderte Katzen gibt es genug, und jedem dürfte das Katzenelend bekannt sein.
Für die Wohnungskatze gibt es eigentlich auch nur eine Entscheidung, nämlich die Kastration, außer Sie haben sich bewußt eine Zuchtkatze gekauft.
Ein natürliches Verhalten des unkastrierten Katers ist die Markierung seines Reviers mit übelriechendem Urin, und genau das ist es, warum auch die absoluten Gegner einer Kastration früher oder später doch den Tierarzt aufsuchen. Einen unkastrierten Kater in der Wohnung zu halten, ist eine Zumutung, nicht nur für unsere Nase.
Über den richtigen Zeitpunkt der Kastration streiten sich die Gemüter. Meine Empfehlung: dann, wenn Sie merken, daß der Urin des Katers in seiner Toilette anfängt streng zu riechen oder er ab und zu ein paar Tropfen an Stellen außerhalb der Toilette verteilt. Das kann, rassebedingt, mit 6 Monaten oder auch erst mit 2 Jahren der Fall sein. Zögern Sie dann aber nicht zu lange, denn ein spritzender Kater kann dieses Verhalten auch noch nach der Kastration beibehalten.
Im Frühjahr, Sommer und Frühherbst kann eine unkastrierte Katze, wenn sie nicht gedeckt wird, etwa alle vierzehn Tage rollig werden. Sie ist unruhig, schreit mal mehr und mal weniger (das ist auch wieder von der Rasse abhängig) und wälzt sich auf dem Boden hin und her. Dieser Zustand dauert zirka eine Woche und ist für den Besitzer eine wahre Geduldsprobe.
Der richtige Zeitpunkt für die Kastration wäre nach der ersten Rolligkeit, aber aufpassen, daß in dieser Zeit kein Kater in der Nähe weilt, auch nicht der Bruder!
Da bei der Kastration beider Geschlechter die Sexualorgane entfernt werden, unterbleibt auch das Sexualverhalten, d.h. das Spritzen der unkastrierten Kater und die Rolligkeit der unkastrierten Katzen.

TIP: Es stimmt nicht, daß kastrierte Katzen ihren Charakter verändern und fett und faul werden. Eine liebe Katze bleibt spielfreudig und anhänglich. Für Übergewicht ist zuviel Futter und zuwenig Bewegung verantwortlich, und da ist der Mensch gefordert.

Manchen Katzen sieht man das Alter an ...

STERILISATION

Bei der Sterilisation werden beim Kater die Samenleiter und bei der Kätzin die Eileiter durchtrennt, wodurch sich die unangenehmen Seiten des Sexualverhaltens nicht verändern. Der Kater wird weiterhin mit übelriechendem Urin die Wohnung markieren und die Kätzin weiterhin schreiend nach einem Kater suchen. Deshalb muß für Wohnungskatzen unbedingt zur Kastration geraten werden.

DIE ALTE KATZE

Dadurch, daß Ihre Katze in der Wohnung gehalten wird, hat sie die größten Chancen, alt zu werden. Es gibt aber auch eine Anzahl medizinischer Probleme, die insbesondere bei älteren Katzen auftreten, wie bestimmte Tumore, Verstopfung oder Nierenleiden, weshalb für eine ältere Katze eine regelmäßige tierärztliche Untersuchung besonders wichtig ist.
Es mag jetzt so aussehen, als wäre das Alter eine risikoreiche Angelegenheit für die Katze. Das muß aber nicht so empfunden werden. Akzeptieren Sie es, und freuen Sie sich doch einfach, wenn gerade *Ihre* Katze so alt wird.
Die meisten alten Katzen suchen sich warme Plätzchen und schlafen länger, aber trotzdem sind sie immer noch zum Spielen aufgelegt, wenn auch nicht mehr ganz so wild und ausdauernd wie in ihrer Jugend. Katzen können ein gesundes Leben von zwölf, siebzehn und manche sogar von mehr als zwanzig Jahren verbringen.

... er ist auch noch mit 16 Jahren fit.

EINSCHLÄFERN

Irgendwann steht man vor der Entscheidung, sein geliebtes Tier einschläfern zu lassen. Dies ist eine der schmerzlichsten Entscheidungen, die ein Tierhalter treffen muß. Je länger man mit einem Tier zusammenlebt, um so intensiver ist gewöhnlich die Beziehung. Wenn das Leben für die Katze durch Krankheit zur Last geworden ist und es keine Aussichten auf Heilung gibt, so sollte der Zeitpunkt für das Einschläfern gekommen sein. Die Besitzer reagieren darauf sehr unterschiedlich, jedoch sollte das Wohlergehen der Katze das wichtigste Entscheidungskriterium sein. Auch für einen Tierarzt ist das keine angenehme Aufgabe, und er wird deshalb zu diesem Schritt nur raten, wenn er ihn für absolut notwendig hält.
Da mein ganzes Leben von Tieren, besonders von Katzen begleitet wurde, stand ich schon öfter vor solch einer Entscheidung. Glücklicherweise war ich nie ohne Tier, denn wenn eines gegangen ist, waren die anderen immer noch zum Trösten da. Ich kann nur jedem empfehlen, sich möglichst rasch wieder ein Tier zuzulegen, möglichst eines, das anders aussieht, denn dasselbe gibt es nicht wieder.

LITERATUR

Bücher

Becvar, Dr. Wolfgang: Naturheilkunde für Katzen. Franckh-Kosmos, Stuttgart 1996.
Birr, Uschi: Mit Katzen leben. Franckh-Kosmos, Stuttgart 1996.
Fogle, Bruce: Katzen kennen und verstehen. BLV, München 1992.
Herrscher, Rüdiger und **Harald Theilig:** Der Kosmos-Katzenführer. Franckh-Kosmos, Stuttgart 1994.
Hue, Jean-Louis: Katzen. Marion von Schröder Verlag, Düsseldorf 1984.
Kraa, Gisela: Bach-Blüten für Katzen. Franckh-Kosmos, Stuttgart 1996.
Leyhausen, Paul: Katzenseele. Franckh-Kosmos, Stuttgart 1996.
Pond, Grace: Die intelligente Katze. Hoffmann und Campe, Hamburg 1981.
Radke, Anna-Maria: Wenn Katzen reden könnten. 4. Aufl., Franckh-Kosmos, Stuttgart 1993.
Rakow, Dr. Barbara: Der homöopathische Katzendoktor. 3. Aufl., Franckh-Kosmos, Stuttgart 1992.
Schmitt-Hausser, Gerd: Katzen – Ein Kosmos-Ratgeber. Franckh-Kosmos, Stuttgart 1991.
Taylor, David: Das große Katzenbuch. Heyne, München 1990.
Taylor, David: Meine Katze. Südwest, München 1986.
Theilig, Harald: Unser Katzenkind. 2. Auflage, Franckh-Kosmos, Stuttgart 1993.
Theilig, Sigrid und **Harald:** So lernt meine Katze. 3. Aufl., Franckh-Kosmos, Stuttgart 1992.
Theilig, Sigrid und **Harald:** Unsere Katze. 4. Aufl., Franckh-Kosmos, Stuttgart 1993.
Thies, Dagmar: Katzenhaltung. Franckh-Kosmos, Stuttgart 1996.
Turner, Dennis C.: Katzen lieben und verstehen. Franckh-Kosmos, Stuttgart 1996.
Weingärtner, Dr. Vera: Unsere Katze ist krank. Franckh-Kosmos, Stuttgart 1992.
Wright/Walters: Die Katze. Mosaik, München 1985.

Zeitschriften

Geliebte Katze. Gong-Verlag, Nürnberg.
Katzen extra. Symposion-Verlag, Sulzbach.
Our Cats. Minerva-Verlag, Viersen.

ADRESSEN

Verbände

1. Deutscher Edelkatzen-Züchterverband e.V. (DEKZV)
Berliner Str. 13
35614 Asslar
Tel. 0 64 41 / 84 79

Deutsche Edelkatze e.V.
Hubertstr. 280
45307 Essen
Tel. 02 01 / 55 07 55

Deutsche Rassekatzen-Union e.V. (DRU)
Hauptstr. 56
56814 Landkern
Tel. 0 26 53 / 62 07

Süddeutscher Rassekatzen-Verband e.V. (SDRV)
Zwickauer Weg 10
68309 Mannheim
Tel. 06 21 / 70 19 80

Österreichischer Verband für die Zucht und Haltung von Edelkatzen (ÖVEK)
Liechtensteinstr. 126
A–1090 Wien
Tel. 02 22 / 3 19 64 23

Klub der Katzenfreunde Österreichs (KKÖ)
Castellezg. 8/1
A–1020 Wien
Tel. 02 22 / 2 14 78 60

Féderation Féline Helvétique (FFH)
Solothurner Str. 83
CH–4053 Basel
Tel. 0 61 / 3 61 70 64

Cat-Sitter-Clubs

Tel. 02 11 / 66 32 06

Verein Deutscher Katzenfreunde e.V.
Silberberg 11
22119 Hamburg
Tel. 0 40 / 45 48 42

REGISTER

BILDNACHWEIS

Fotos von Stephe Bruin (2, S. 6, 25), Francais/Cogis (Klappe Ex. Shorthair), Hannelore Grimm (alle übrigen 71 Aufnahmen), Herz für Tiere/Karin Skogstad (Klappe Birma), Hoffmann-Füßer (6, S. 4l, 12, 13, 28, 29u, 34o), Kaspar Horst (1, S. 23o), Labat/Cogis (Klappe Burma), Martin Jacob (Außenklappe unten), Juniors Bildarchiv (9, Aschermann Klappe ol, Born S. 10, Kolmikov S. 20, Liebold S. 1m, Putz S. 1l, 5, Schanz S. 2o, 43, 44), Werner Layer (4, S. 9u, 22, 33o, 56), Reinhard-Tierfoto (5, S. Außenklappe oben, Innenklappe Rex, 2u, 8, 42), Karin Skogstad (8, S. 4r, 7u, 18o, 18u, 35o, 36o, 36m, 36u).

Zeichnungen von Marianne Golte-Bechtle (S. 30), Milada Krautmann (S. 16), Johannes-Christian Rost (S. 40) und Rahel Schale (S. 51).

IMPRESSUM

Umschlaggestaltung von eStudio Calamar unter Verwendung von 4 Farbfotos von Juniors Bildarchiv (1: Vorderseite) und Gabriele Metz (3: Rückseite).

Mit 110 Farbfotos, 2 Farbzeichnungen und 2 Schwarzweißzeichnungen.

Die Deutsche Bibliothek – CIP-Einheitsaufnahme
Ein Titelsatz für diese Publikation ist bei
Der Deutschen Bibliothek erhältlich

Gedruckt auf chlorfrei gebleichtem Papier

2. Auflage

ISBN 3-440-08974-6
Redaktion: Angela Beck
Gestaltungskonzept: Atelier Reichert, Stuttgart
Gestaltung: Gisela Dürr, München
Satz: ad hoc! Typographie, Ostfildern
Printed in Italy / Imprimé en Italie
Druck und Bindung: Printer Trento S. r. l., Trento

Extra

FÜTTERUNGSTIPS

- Die junge Katze wird, je nach Alter, drei- bis viermal täglich gefüttert.
- Die erwachsene Katze bekommt täglich zwei Mahlzeiten, eine morgens und eine abends.
- Der Futterplatz sollte an einer ruhigen Stelle in der Wohnung sein.
- Die Katze benötigt ihre eigenen Futter- und Wassernäpfe, die nach jeder Mahlzeit gereinigt werden.
- Verwenden Sie Näpfe, die Ihre Katze nicht ohne weiteres umkippen kann.
- Speisereste haben im Futternapf nichts verloren.
- Katzen brauchen eigens für sie zusammengestelltes, artgerechtes und bekömmliches Futter.
- Niemals rohes Fleisch oder rohes Ei verfüttern.
- Schweinefleisch muß wegen der Gefahr der Aujeszkyschen Krankheit auf jeden Fall immer abgekocht werden.
- Fisch kann einmal wöchentlich gefüttert werden, aber auch er muß unbedingt abgekocht und zusätzlich auf Gräten untersucht werden.
- Übermäßige Fütterung von Leber kann zu einer Vergiftung führen.
- Die Fütterung sollte täglich etwa zur gleichen Zeit erfolgen.
- Bringen Sie Abwechslung in den Speiseplan, so daß sich Ihre Katze nicht auf eine bestimmte Futtersorte oder Geschmacksrichtung festlegt.
- Das Futter sollte lauwarm sein, am besten 38 °C, das entspricht der Körpertemperatur der Katze und so mag sie es am liebsten.
- Futterreste werden weggeworfen.
- Katzen schlingen nicht, sie lassen sich zum Fressen Zeit.
- Stören Sie Ihre Katze nicht beim Fressen, das mag sie nicht.
- Nach dem Fressen lassen die Katzen gerne eine längere Ruhepause zum Verdauen folgen.
- Milch ist kein Getränk für die Katze, oft ist Durchfall die Folge.
- Das richtige Getränk für die durstige Katze ist Wasser.

KRANKHEITS-SYMPTOME

- Bewegungsunlust
- gesteigerte Unruhe
- ständiges Miauen
- Lichtscheue
- starker Durst
- Schwierigkeiten beim Urinieren oder Blut im Urin
- Durchfall
- Erbrechen
- Verstopfung
- Appetitlosigkeit
- starker Gewichtsverlust oder plötzliche Gewichtszunahme
- struppiges Fell
- Veränderung der Hautfarbe oder -beschaffenheit
- Atmungsprobleme
- Fieber
- entzündete Augen
- sichtbares drittes Augenlid (Nickhaut)
- wäßriger oder eitriger Nasenausfluß

Bitte suchen Sie mit Ihrer Katze den Tierarzt auf, wenn Sie an ihr eines oder mehrere Symptome bemerken!

Extra

TIERPASS FÜR UNSERE KATZE

Name: ____________________

Geschlecht: ____________________

Rasse: ____________________

bes. Merkmale: ____________________

____

Farbe: ____________________

geboren am: ____________________

gekauft am: ____________________

Impfungen: ____________________

____

____

bisherige Erkrankungen: ____________________

____

____

Wichtige Anschriften

Züchter: ____________________

____

Tierarzt: ____________________

____

tierärztlicher Notdienst: ____________________

____

Verein: ____________________

____

Katzensitter: ____________________

____